轻创业

故事、逻辑与方法

EASY BUSINESS

田雲娴◎著

北京联合出版公司
Beijing United Publishing Co.,Ltd.

图书在版编目（CIP）数据

轻创业 / 田雲娴著. —北京：北京联合出版公司，
2017.4（2025.1重印）
ISBN 978-7-5502-9797-5

Ⅰ.①轻… Ⅱ.①田… Ⅲ.①创业—经验 Ⅳ.
①F241.4

中国版本图书馆CIP数据核字（2017）第023918号

轻创业

作　　者：田雲娴
选题策划：慢半拍 · 张志元
责任编辑：夏应鹏
封面设计：拾　寂
版式设计：刘龄蔓

北京联合出版公司出版
（北京市西城区德外大街83号楼9层　100088）
北京联合天畅发行公司发行
天津睿和印艺科技有限公司印刷　新华书店经销
字数210千字　710毫米×1000毫米　1/16　15印张
2017年4月第1版　2025年1月第2次印刷
ISBN 978-7-5502-9797-5
定价：39.80元

上一辈创业者必须有资金才能够开始创业，但今天的创业者只要能够抓住一个创业亮点，就可以获得全世界的投资。

——吴晓波

轻创业

Easy business

目录

Contents

第 3 章

弹性办公：消除组织约束，创业、工作两不误

第 4 章

快闪化生存：可复制、易分享，才有大市场

第 5 章

单点突击：甩掉负重，攻其一点，实现精准创业

第 6 章

极速成长：充分发挥自身的优势快速成功

第7章
微创新之美：做足细微处，凸显核心竞争力

第8章
“短平快”合作：即合即分模式实现便捷创业

第1章

用心做小：『轻骑兵』团队实现精益创业

Easy business

玛丽珍:“用心做小”的大学生奶茶店

奶茶原本是一种很普通的饮品，能搞出什么名堂呢？然而，四川成都的“玛丽珍奶茶”却“闹出了很大的动静”。

在一期综艺节目里，谢霆锋手中捧着一杯奶茶，虽然节目组在奶茶杯的品牌名称上打了马赛克，但不少观众还是从杯子的花纹和包装上认出了这就是玛丽珍奶茶。这件事传递给大家两条信息：第一，连谢霆锋都喝玛丽珍奶茶。第二，仅凭杯子上的花纹就能认出这就是玛丽珍奶茶，可见玛丽珍奶茶在许多观众心目中的熟悉度和深刻印象。

其实，有很多观众之所以能够认出玛丽珍奶茶，是因为综艺节目的基本受众和玛丽珍奶茶的基本受众一致，大多是学生和年轻人。而玛丽珍奶茶的创办者也是几个学生，她们和玛丽珍最初的消费者都没有想到，一个开在走廊里的小小的奶茶店有朝一日竟然受到这么多人欢迎。

创业人石昭、刘琰：大学生开起了特色奶茶小店

2009 年 10 月，两名四川大学的女学生看中了成都红瓦寺街一家普通茶馆的走廊，她们想在这里开一家奶茶店。虽然这条走廊的面积只有 5 平方米，却承载着两位女大学生的梦想。她们的梦想就是开一家简洁大方、清新自然的小店。所以，她们认为"小"不是问题，"特色"才是主要关注的地方，首先要取一个有特色的名字。"玛丽珍"这个名字来自美国漫画家理查德·奥特考特的儿童漫画《布朗小子》，其女主人公是一个叫 Mary Jane（玛丽珍）的小女孩，她大方优雅，非常符合奶茶店的定位。于是，她们就把奶茶店取名为"玛丽珍"。

后来，同样有开店梦想的大学生石昭和刘琰也加入了这个团队，她们用心经营着这家别致的小店，希望把它打造成一家与众不同的奶茶店。初创期的玛丽珍奶茶店很快就经历了不小的动荡，因为创业伙伴们陆续大学毕业，各自对前程有不同的考虑，一些创业伙伴纷纷离开了玛丽珍奶茶店。大家曾一度认为玛丽珍要结束了。但是，石昭和刘琰在经过一番考虑后决定留下来，不仅要把玛丽珍做下去，还要做得越来越好。于是，她们开始认真思考适合玛丽珍的创业模式。

创业模式：从细节打造品牌黏度，用会员制增强顾客忠诚度

或许有些人会认为，一家占地面积仅 5 平方米的小店不可能打造出一个品牌。石昭和刘琰并不这样想，"用心做小"是她们认定的经营理念，如果仅仅是开家店玩玩，那无所谓什么品牌意识，但如果想要创业，就要有强烈的品牌意识，将玛丽珍打造成优质的、独一无二的奶茶品牌。

她们是从两方面来打造玛丽珍品牌的，一是产品，二是服务。

虽然她们在节约成本方面下了不少功夫，但在产品质量方面却一点都不节约，她们坚持选择健康优质的原材料。比如，奶茶市场上大多用奶精勾兑制作奶茶，而玛丽珍坚决使用鲜奶；其他商家制作奶茶用巧克力时用的是果粉，而玛丽珍用的是美国进口的巧克力酱；其他商家用茶粉，而玛丽珍用进口茶包；市场上用的是塑料杯，而玛丽珍用的是单滚纸杯……在产品质量方面，玛丽珍从来不省，为的是打造健康、安全、可口的饮品。因为想要打造优质的奶茶品牌，首先产品质量要过硬。

其次是服务做到细心体贴，从方方面面为顾客体验着想。比如，玛丽珍产品的名称体现了诗意与独特："小野丽莎""福尔摩斯""英国古典玫瑰""德国黑森林"等，光是这些名字就足以让顾客细细品味一番了。其温馨的店面布置、细心贴心的服务也都为顾客带来了美好的体验。玛丽珍在店内展示并出售小型盆栽，向顾客推荐小众歌手的专辑，发行具有玛丽珍元素和理念的明信片，设置店内留言本与顾客互动，在豆瓣、新浪微博等社交媒体上发起线上活动……这一系列措施和活动都是对玛丽珍品牌的一种延伸和营销。

在不断摸索中，石昭和刘琰等人建立起了日趋完善的视觉识别系统：店铺的logo、产品包装、店面装潢、员工服饰、会员卡、明信片等，都有了统一的玛丽珍标识。这些细节都深深地在顾客心中打上了玛丽珍烙印，也渐渐在顾客心中树立了玛丽珍品牌。

玛丽珍奶茶店虽小，但在经营上一点都不含糊，完全是在用"高大上"的标准要求自己，因为"用心做小，传递温暖"就是玛丽珍的品牌口号，这样的品牌愿景使得玛丽珍不只是在卖奶茶，更是通过朋友式的服务，营造关注细节、深入人心、令人感觉亲切的社区空间。

经过悉心的经营，玛丽珍奶茶很快就受到了学生们的喜爱，渐渐又受到校外年轻人的喜欢，甚至受到像谢霆锋这样的名人的青睐。有了一定的市场基础，石昭和刘琰等人便开始建立会员制。虽然大部分的店都实行过会员制，但仅限于打折和送礼品。玛丽珍则为会员打造全方位的体验，比如顾客持有会员卡每杯奶茶可以减免 3 ~ 4 元，购买盆栽植物打 8.5 折，年底积分折现，过生日免费送一杯奶茶，还可参加涂鸦、读书会、水吧观影等一系列活动。这让玛丽珍的会员获得了真正的实惠。

现在，玛丽珍已经拥有 6000 多名会员。会员制增加了玛丽珍的顾客黏性，确保玛丽珍能长期稳定地发展。

创业优势：利用目标客户的认同迅速打开局面

石昭和刘琰等人最初为什么会选择开奶茶店呢？首先，由于奶茶在年轻人尤其是学生群体中具有较高的认知度，可随意选择口味则满足了他们爱尝鲜的味觉，较为低廉的价格又能被大多数年轻人接受，因此开奶茶店最容易被目标客户接受。因为他们是大学生，不可能将店址选择在离学校太远的地方。她们的店铺就在四川大学外面，那么主要消费群体必然是大学生。

其次，开奶茶店投入少、收回成本快，非常适合小本创业者。对大学生来说，他们的时间不多、资金不足、创业经验也欠缺，开奶茶店这种小本创业最适合他们。

再次，玛丽珍的老板本身就是大学生，这种身份更是得到了主要消费群体的认同。同学们会认为，这是自己的同学开的奶茶店，怎么也要去尝一尝、支持一下。他们品尝之后发现味道居然不错，于是一传十、十传百就传开了。

认同感是产生顾客黏性的基础。虽然每家店假以时日都能做到优质的产品和一流的服务，但在较短的时间内得到目标客户的认同却不是每家店都能做到的。而石昭和刘琰等人却做到了，这不能不说是她们创业之初就有的优势。

创业定位：大学生的奶茶基地，白领一族的小资乐园

石昭和刘琰最初将玛丽珍奶茶店定位为简洁大方、清新自然的小店，而目标客户群体定位于学生。这样的定位在创业初期比较合适，但对玛丽珍的长期发展则有弊端，因为仅仅定位于这样的消费群体有些单一、狭窄，人数有限，而且学生会毕业，这样培养了几年的顾客就会流失，需要再费大量的时间和精力培养新的具有黏性的顾客，这无疑造成了资源浪费。所以，在玛丽珍经过一段时间的发展后，她们利用开新店的机会对目标客户群体进行了再定位。

再定位当然不是舍弃原有的顾客群，而是在此基础上进行扩展和升级，除了大学生，还要吸引收入较高的上班族。

首先，产品相应地需要重新定位，比如更换品牌视觉元素。以前，她们将玛丽珍的装修风格定位为白色小清新，现在更换为以黑色和棕色为主的格纹，看起来更为沉稳大气，能吸引许多白领阶层。

其次，她们升级了玛丽珍的产品，并上调了价格，根据产品品质的不同制定价格区间，既可以淘汰一部分消费能力较低的非目标顾客，同时用高品质的产品吸引有较强消费需求和能力的新消费群。这样玛丽珍的利润率也提高了，不需要过度依赖消费者的数量。一些奶茶店以低价吸引顾客，这样培养出来的顾客并非是忠诚顾客，他们只是对低廉的价格忠诚。石昭和刘琰等人想要培养的是高品质、高忠诚度的顾客，这些顾客钟情的是玛丽珍的产品，无论价格高低。

事实证明，她们对玛丽珍的重新定位非常成功，新店一开业便门庭若市。

定位不仅仅是找准目标客户群体，更是建立一个与目标客户群体、目标市场更为相关的品牌形象，这就为玛丽珍重新确立了更为适当的市场位置。玛丽珍在这一点上做得很到位。

现在，玛丽珍成了大学生聚集的基地和白领一族的乐园，他们只要想喝奶茶或休闲娱乐，都会很自然地想到玛丽珍，这才是玛丽珍需要的顾客黏性。

树立品牌意识、确立品牌形象，迅速获得目标客户的认同，并在发展的过程中及时调整市场定位，玛丽珍在这三点上都做得很好，所以玛丽珍的成功是必然的。

石昭和刘琰说，未来玛丽珍不会走急速扩张之路，因为玛丽珍的目标并不是要做大，而是要做精、做好，即便玛丽珍一直是一家很小的奶茶店，也要一直"用心做小，传递温暖"。

巩书凯：从 50 元订单起家，到为冬奥会设计画册

在猪八戒网上，巩书凯和他的网店非常有名气，提到他的名字，许多与他合作过的企业相关负责人赞不绝口，说他的设计有品质。他服务过的公司既有不知名的中小企业，也有名气很大的企业，如百度、中国移动、中粮集团、蒙牛等。更让人惊叹的是，2016 年 5 月，他的公司取得了为 2022 年冬奥会设计画册的机会。

创业人巩书凯：一个人的团队和 50 元的订单

巩书凯，山东人，毕业于中国海洋大学。2012 年，他觉得上班索然无味，很想创业。可是他一没资金，二没渠道和人脉，拿什么创业？唯一的办法就是通过互联网平台创业。偶然的机会，他从朋友口中听说了猪八戒网，于是在这个网站上开了一家网店，取名艺点，主要提供广告创意和设计。

店容易开，但生意不容易做，网店开张足足4个月无人问津。就在巩书凯心灰意冷的时候，终于来了一笔订单，为一个培训网站设计网页横幅，标价50元。生意虽然小，但毕竟有客户了。为了这来之不易的订单，巩书凯熬夜做了5种方案让客户挑选。最终客户很满意，很快付了款。拿到这50元钱，巩书凯非常兴奋，让他感到兴奋的并不是赚了钱，而是他觉得自己的创业之路开始了。

创业模式：小步慢走，稳扎稳打，积累品牌实力

赚到50元钱果然是个好兆头，巩书凯的客户很快多了起来，几个月后他有了2万多元的收入。既然有客户了，再一个人战斗就不合适了。巩书凯来到天津，在天津开了一家工作室，找了几个设计人员，有了一个小小的团队，此时他觉得越来越有创业的感觉了。为什么来天津开工作室呢？因为他的客户大多来自北京，为了方便和客户洽谈、勘察场地，选择在天津开工作室，离北京近，租金又比北京便宜。

巩书凯选择的经营方式是稳扎稳打、积累口碑，逐渐建立公司品牌，等有了足够的实力后再与大客户合作。所以，工作室刚成立时，他拒绝接大客户的订单，专心为中小企业服务。很多人可能会不理解他这种做法，但巩书凯认为一个人做的事情要和他的能力相匹配，目前工作室的实力只能为中小企业做设计，那么就专心做好自己力所能及的事情，步子不要迈得太大，否则会摔跤。

在他的坚持下，公司果然稳步发展。到2013年底，工作室已经获利润30多万元，巩书凯觉得扩大规模的时候到了。2014年4月，他回到重庆注册了公司，组建了更加专业的设计团队。新公司的服务范围不再只是品牌设计，还包括品牌策划，他在为与大公司合作做充分的准备。

很快，知名大品牌蒙牛向他抛出了橄榄枝。蒙牛希望巩书凯的公司为他们做一个网页设计。第一次为这样的大公司做设计，巩书凯非常谨慎，收到邀约后，他亲自跟单设计，与对方负责人洽谈，做了几种设计方案供对方参考。蒙牛对他们的设计方案很满意，决定把整个线上产品的设计全部交给巩书凯做。巩书凯终于实现了与大公司合作的愿望。

2015 年 5 月，巩书凯的公司又获得了为 2022 年冬奥会设计画册的机会，这更是令很多人羡慕的事情。至此，他稳扎稳打、积累口碑，逐渐建立公司品牌的策略获得了成功。

巩书凯的发展模式是值得肯定的，稳扎稳打，积累实力，不冒进，这样的发展模式对于小公司来说是非常稳妥的。当一家公司的技术、设计、服务都跟不上的时候，不要贸然与大公司合作，不要贸然扩大规模，否则会拖垮队伍。

这也是巩书凯的认识，他认为一家公司一定要选择适合的合作伙伴，这样才能让公司有更好的成长空间。

创业优势：用最好的产品和服务打造最好的口碑

对于巩书凯和他的设计公司来说，除了采用正确的经营策略，还有什么优势呢？蒙牛公司之所以决定把线上产品交给巩书凯的公司设计，主要是觉得他们有几个优势。

第一，巩书凯的公司有互联网背景。蒙牛这次做的是线上产品的打造与推广，需要一个依托互联网发展起来的公司。巩书凯的公司有这样的背景，而且为很多电商服务过，参与推广了不少好的品牌。

第二，巩书凯的团队执行力很强。蒙牛在说明了设计意图后，巩书凯的团队很快就拿出了多种设计方案，为了使方案能够很好地实施，整个设计师团队吃住在公司，随时待命，只要有任何需要改动的地方，他们就立刻去做。

第三，质量好，口碑好。巩书凯的团队是经过打磨的，他们提供的产品很有质感，其团队又善于沟通，能够准确领悟客户的意图，有创意，有诚意，而且他们公司在业界有非常好的口碑。

基于这三点，虽然他们的公司成立的时间不长，规模也不算很大，但是蒙牛愿意与他们合作。

这三点不仅仅是蒙牛看重的优势，也是巩书凯一路发展起来依靠的优势。他的团队创业开始于互联网平台，发展、壮大于互联网平台，因此是电商的首选。刚刚创业时，为设计出好的作品，他从不怕熬夜吃苦，他的团队也继承了他的品质，执行力很强。而优质的产品和服务是他最为看重的，良好的口碑就是这样建立起来的，没有这一点，他的公司根本不可能发展起来。所以，要说他的优势，其实很简单，就是好的产品、好的服务、好的口碑。

创业定位：线上为中小企业服务，线下为大企业服务

巩书凯的创业定位很清晰。他刚刚开网店时就发现，许多中小企业很想享受高端的设计服务，但由于经济实力不够雄厚，所以无法和那些大的设计公司合作，而他们又看不上小门店散户做的设计，于是就造成了“高不成低不就”的情况。巩书凯觉得这可以成为他的卖点。专门为中小企业服务，为他们提供高质量的设计，同时收费又合理，这也是他刚开始只为中小企业服务、拒绝与大公司合作的原因之一。他的目的是以中小企业为突破口，打开知名度。

在很长一段时间内，巩书凯坚持只为中小企业服务，为了坚持这个原则，有时宁可错过大客户。这样做虽然失去了一些大客户，但更多的中小客户蜂拥而来。很快，他的工作室就在业界有了名气。等实力和名气都足够大的时候，根本不需要他去发展大客户，大客户会慕名而来，而且不止一个。

迄今为止，与巩书凯合作的中小企业不计其数，与他合作过的大客户有百度、中国移动、中粮集团、蒙牛等。他现在的定位是，互联网上主要为中小企业服务，而在线下主攻大客户，因为现在他既有网店又有实体公司，无论是小客户还是大客户，他都可以游刃有余地为之提供最好的服务。

蒋灵：大学男生把目光聚焦在了"永生花"上

现在，市面上的鲜花店很多，但大多是实体店，很少有人通过互联网卖鲜花，原因很简单，鲜花不易保存，除非同城，否则送货是个大问题。但是，有一位大学生就开了一家卖"鲜花"的"微店"，而且生意还很红火，省外的许多顾客都来他的店买鲜花。

他是如何解决保存和送货问题的呢？因为他卖的不是一般的鲜花，而是"永生花"。永生花，顾名思义就是永远不会凋零、保有鲜花特质的鲜花。还有这样的鲜花？也许你闻所未闻、见所未见。不光是我们，就连这个花店的老板以前也没见过、没听说过。但是，现在他却把永生花店经营得红红火火。

创业人蒋灵："潮男"大学生喜欢上了卖"永生花"

蒋灵，浙江经贸职业技术学院国际贸易专业大三学生，他虽然个子不高，却是个"潮男"。有一年情人节前夕，他想买一束鲜花向女朋友表达心意，但是又不想买和别人一样的普通鲜花，于是上网搜索，希望能找到特别一点的鲜花。突然，他被一家店的鲜花图片吸引住了。这种鲜花看上去颜色很丰富，但似乎又和一般的鲜花不太一样，这种鲜花叫“永生花”。

他没想太多，连忙联系老板，希望能订到一盒永生花。但老板告诉他，正值情人节，鲜花早就被订完了，要等到情人节过后才有货。蒋灵感到很失望，但这种花却引起了他的兴趣。他想，永生花到底是一种什么花呢？为什么看起来与一般的鲜花不太一样？经过一番了解他才知道，永生花又叫“保鲜花”“生态花”“永不凋谢的鲜花”，它是使用玫瑰、康乃馨、蝴蝶兰、绣球等品类的鲜花，经过脱水、脱色、烘干、染色等一系列复杂工序加工而成的干花，不过在色泽、形状、手感等方面与真正的鲜花没有什么区别，而且颜色比真正的鲜花更为丰富，最重要的是它的保存时间足够长，可以达 3 年之久。这种花在日本和中国台湾非常受欢迎，但中国大陆地区很少有人知道。

蒋灵突然想到，假如自己开一家这样的花店，不知道会怎么样呢？他又了解了更多有关永生花的信息，包括制作工艺、进货渠道等，最终确定了一家供应商。做足准备工作以后，蒋灵开始在微博和微信上卖起了“永生花”。

创业模式：主打“永生花”，兼营鲜花

蒋灵的宣传方式基本是靠口碑传播，他的微博和微信上有一些粉丝，这些粉丝都是他的客户或潜在客户。通过他们的口口传播，他的花店渐渐被大家熟知，而且很多顾客都是外省的。由于永生花的保质期较长，所以完全不用担心保存。

在创业模式上，蒋灵主打“永生花”，兼营一部分鲜花。永生花是自己的招牌，所以一定要保证品质，而且选用的材料必须来自稳固的商家。他每天会到花市挑选独特的花材做配饰，以保证做出的永生花足够好。制作永生花的材料价格不菲，再加上加工过程需要用到脱水、脱色、烘干、染色等高科技手段，价格当然不便宜。蒋灵的永生花平均每盒卖 650 元，包装精美的礼盒价格更高一点，从 750 元到上千元不等。这样高的价格并没有吓到顾客，因为永生花不只是卖给居家用户，还可以用作花艺设计、开业庆典活动等。用鲜花固然便宜一些，但一个星期可能就需要更换，永生花却可以用上两三年，算下来更实惠。当然，卖鲜花也是少不了的，这可以吸引一部分普通顾客，使购买普通鲜花的顾客也能见识一下永生花，成为购买永生花的潜在顾客。

在支付方式上，蒋灵也尽量为客户着想。为了方便顾客支付和安全起见，蒋灵专门把自己以前的淘宝店和花店融合在一起，顾客只需要在他的淘宝店下单即可。

通过这样的经营，蒋灵的微博和微信粉丝越来越多，店里的生意也越来越好。刚开始，老板、客服、花材搭配、送货都是他一个人干，后来发展到 6 名员工。一家规模不大的永生花花店，带给蒋灵的不仅仅是丰厚的收入，更开启了他光明的创业梦想。

创业优势："耐保存、更自然"是最大的吸引力

蒋灵的花店开业不到一个月，营业额已经达到 13 万元。很多时候，在他的店里买花都得预订。没有过多的宣传，也没有特别的营销办法，蒋灵的"永生花"为何卖得这样好？当然有一些客观因素，比如蒋灵刚开店时天气很热，鲜花在高温下更不易保存，于是很多人纷纷来买永生花。接着，各大节日陆续到来，永生花再次大卖。

蒋灵创业的优势，首先是永生花本身的优势。永生花有足够长的保存时间，这受到了许多公司的欢迎。公司搞开业庆典、布置会展等活动或日常布置办公场所，总是购置鲜花未免开支太大，永生花就解决了这个问题。

其次，永生花虽然是用高科技加工而成，但并没有刻意雕琢的气息，无论从色泽和手感方面都自然得犹如刚采摘的鲜花，这也吸引了一些追求鲜花品质的高消费者。

与假花比较，永生花更真实，保存的时间更长。所以，永生花身兼假花和真花的双重优点，这使得永生花具有更大的市场价值。当产品具备了特有的市场价值以后，它就会成为创业者手中的一把利剑，那么，创业取得成功就不再是什么难事。

创业定位：白领阶层、高消费者、企业的首选“鲜花”

永生花在日本、韩国、中国台湾一直受到白领阶层和高消费者的欢迎。目前，中国人的生活品质越来越高，对家居布置的要求也越来越高，尤其是白领阶层和一些高消费者。永生花店就是为这些人服务的。虽然永生花的使用期限要比鲜花长很多，但购买一盒永生花的价格还是要比购买一束鲜花的价格高很多，除非是收入较高的消费者，否则不愿意为这样高的消费付费。但是，对一些企业来说就不同了，它们考虑的是平均成本。购买永生花的均摊成本要比长期购买鲜花的成本低很多，而且不用打理也能一直保持美观，对公司来说是最好的选择。

因此，蒋灵的永生花店从一开始就定位于为白领阶层、高消费者及企业服务，产品的品质、价格、服务、宣传都往这方面靠，这保证了他的创业能够获得成功。

微店的成功只是蒋灵创业的第一步，接下来他想扩大规模，开实体店，为更多喜欢永生花的朋友送上美的享受。

雕爷牛腩："轻奢餐"，一场餐饮业的丛林冒险

在雕爷牛腩出现之前，人们并不知道什么叫"轻奢餐"，是雕爷牛腩给了我们一种新的餐饮理念。所谓轻奢餐，是指它比低价位的快餐要奢侈、美味和优雅，但又比豪华正餐要节省时间和金钱，而带给人们的感受也是介于快餐和豪华正餐之间。

轻奢餐和传统的中餐不同，和真正的西餐也不同，它是融合了各类餐饮的特点，将文化创意和美学思想融入其中，打造出一种"轻奢"概念的餐饮模式，即用餐者觉得这是一种虽稍感奢侈但又完全能够接受的超值用餐享受。

来到雕爷牛腩，你会发现，这里像快餐店一样翻台极为频繁，像西餐厅那样充满了情调，菜品像高档法国餐那样精致，但价格远远没有高档法国餐那么贵。总之，在这里，你获得的是超值的体验。

长期以来，开传统中餐厅的劣势已经显而易见，投入高、回报低、风险大，竞争也很激烈，而菜品多又使上菜无法做到及时、有序，使用餐者用餐时间过长，用餐味道混乱，甚至不能保证菜品的质量。雕爷牛腩就是要规避这些劣势，同时结合各种餐饮模式的优点，打造一种注重客户体验、可快速发展，并可实现标准化复制的餐饮模式。

创业人"雕爷"：将互联网思维运用到极致的餐饮行业创业者

雕爷牛腩的创始人是谁呢？他就是稳坐淘宝精油品牌第一把交椅的孟醒，雕爷是他的外号。他化妆品做得好好的，为什么跨界到餐饮行业了呢？雕爷说，他是被"气"的。

有一次，雕爷去香港知名的"九记牛腩"吃牛腩，觉得味道美极了，于是问老板有没有想过到大陆地区开店。老板瞥了他一眼说："你

给我10亿元，我就去开。”雕爷很生气，说你这分明是气我吗！10亿元？1000万元还差不多。

回到酒店后，他想，你不开，我开。于是他打电话立刻注册了“雕爷牛腩”。虽然店注册了，但是怎么开一家超过“九记牛腩”的餐馆呢？雕爷找到了香港“食神”戴龙，戴龙把自己做牛腩的秘方卖给了他。

此外，雕爷还做了很多准备工作——调整菜品、训练服务、做封测。

什么是封测呢？一款新的网游上线之前一般都会邀请玩家试玩，以便从中找出BUG（缺点）并修正，俗称“封测”。雕爷很擅长互联网思维，他自然要将这一招借鉴到运作雕爷牛腩上。他邀请各路“大神”来免费试吃，然后根据他们的反馈调整菜品、优化口味、训练服务、解决一个又一个BUG。这些朋友吃了之后则会在朋友圈、微博上帮雕爷免费宣传。

封测足足进行了半年时间，但店还未正式开业，很多“吃货”已经久闻雕爷牛腩的大名了，这可把他们急坏了。其实，这就是雕爷的“饥饿营销”，把消费者的胃口吊得足足的，为的是店正式开业后迅速红火。

2013年5月20日，雕爷牛腩终于正式开业了！

创业模式：高翻台率、高客单价使利润滚滚而来

雕爷牛腩刚刚开业后，众多“粉丝”便慕名而来，之后成长迅猛，迅速火爆餐饮圈。

很多人都在琢磨雕爷牛腩成功的秘密。雕爷说，雕爷牛腩的成功之处就在于高翻台率和高客单价，这也是任何一家餐厅实现盈利的重要途径。肯德基之类的快餐是靠高翻台率盈利，高档法国餐之类的奢侈餐厅是靠高客单价盈利，很少有一家餐厅能做到同时兼顾高翻台率和高客单价，但雕爷牛腩却做到了。这并不容易。吃饭的时间就那么几个小时，如何在有限的时间内实现高翻台率和高客单价呢？雕爷牛腩在这两方面做了深度挖掘。

雕爷牛腩是如何做到高翻台率的呢？两个字——"效率"。

1. 菜品很少，只有 12 道。首先，这样做是为了减少顾客点菜时犹豫不决，使点餐的速度和效率提高。其次，菜品少，出菜速度就快，顾客不需要等待，提高了整个餐厅的运转效率。

2. 不接受 12 岁以下的儿童就餐。带孩子的家庭客户必然会在餐厅消磨时间，这无疑会影响翻台率。而且家庭客户也不符合雕爷牛腩的客户定位，不如直接拒绝。

3. 对卖酒非常克制。几个"酒鬼"一杯接一杯地喝个没完，整晚霸占餐桌，就会影响翻台率。因此，雕爷牛腩不卖瓶装酒，只卖杯装酒，而且卖的是价格比较贵的高档酒。

4. 餐桌之间间距很小，不利于私密谈话。这样布置的意图在于提醒顾客，这里是吃饭的地方，不是聊天的地方，吃完就赶快离开。

5. "分餐制"上菜方法。在这里，吃完一道菜才上下一道菜，当顾客吃完甜品的时候就知道菜上完了，该离开了。

6. 雕爷牛腩店面面积不大，一般在 300 平方米左右。这个面积既可以保证晚上 7 点左右不断翻台，又可以保证 9 点过后不会浪费场地。在别人看来，雕爷牛腩一直都是宾客满座、不断翻台，生意很红火。

7. 餐厅座位很漂亮但坐着并不舒服，客人不愿意久坐，往往吃完饭就离开。

这么多方法一起起作用，翻台率当然会很高。

雕爷牛腩的高客单价又是怎么实现的呢？当然是靠优质的食材制作出来的优质菜品。

雕爷牛腩的菜品之精美、食材成本之高在Mall（购物中心）级别的餐厅里没有对手。同时，菜品的稀有也造成了物以稀为贵。例如“生如夏花”这道甜品，目前全中国会做的人不超过5个。这使得雕爷牛腩有资格为自己的菜品定一个较高的价格，而雕爷牛腩的目标客户既有能力又愿意为这样高额的用餐付费。因此，雕爷牛腩的每一桌客单价都很高，一般在150元左右，比平均水准的100元足足高了50%。

翻台率乘以客单价除以店面总面积，就是“平效”，平效最能反映真实的经营状况。目前，雕爷牛腩在每家商场的餐饮层，平效几乎都是第一名。

平效高了，成本也得降下来，这样才能保证利润。起初，有些人不看好雕爷牛腩，因为雕爷牛腩建立了中央厨房，成本太高，怎么可能保证利润呢？但雕爷并不担心，因为他的策略就是“发展快，前景大，但前期可以不赚钱”。中央厨房能够保证菜品的一致性和可复制性，即便初期投入高，第一家店不能很快挣钱，但第二家店、第三家店、第四家店……一旦过了临界点，赚钱马上开始，且以爆炸式的速度增长。

目前，仅在北京地区，雕爷牛腩已经开了7家店，另外开了一家薛蟠烤串店、两家皮娜鲍什下午茶店和一家切客闹小丑煎饼店……这11家店共享一个中央厨房，成本被分担，何愁不赚钱呢？雕爷说，这就是“资金使用的杠杆率”。

在大众点评网上，雕爷牛腩7家店最低3颗半星，最高4颗半星，其好评甚至超过了同为轻奢餐厅、《纽约时报》评选的世界十大餐厅之一的鼎泰丰！

在最近3年的餐饮业中，雕爷牛腩是成长最快、平效最高、品牌最响的。不得不说，雕爷牛腩的创业模式非常成功！

创业优势：重组顾客价值链构成获得顾客黏性

雕爷牛腩的发展为何如此迅速呢？主要在于雕爷牛腩的优势不是"一招鲜"，而是多招"致命"。

第一招：互联网营销引爆流量

开业之前，雕爷牛腩进行"封测"，邀请各路名人免费试吃。俗话说"吃人的嘴短"，他们吃了人家的，难免要帮忙免费宣传。于是，各路明星、微博大号、美食达人纷纷在微博、微信上发图片并感叹："雕爷牛腩真的是好吃呀！"一方面邀请各路名人进店试吃，另一方面不准普通用户进入，这样制造出的神秘感吊足了所有人的好奇心。

作家韩寒忍不住来看看，结果因为不在邀请之列被堵在门外；苍井空也来了，被微博大号"偶遇"并发到了微博上。这些事件被网友纷纷转发、讨论，发挥了强大的事件营销功能。连骂雕爷牛腩的微博，雕爷也乐呵呵地接受、转发，他说："骂得越狠，死忠粉越'忠心'，这就是互联网的粉丝文化。"

在互联网时代，有了流量便掌握了客户。互联网营销使雕爷牛腩形成了一波又一波的流量。作为一个极具互联网思维的营销天才，雕爷将他的互联网营销优势发挥到了极致。

第二招："优术"令顾客尖叫

小米公司联合创始人黎万强说过一句话："产品是 1，营销是 0，没有好的产品，再好的营销也没用，不断优化产品才能使企业一直保持竞争优势。"因此，雕爷牛腩也在不断升级优化产品，雕爷把这称为"优术"。

在传统餐饮店中，菜单一旦定下来很少会改动，但雕爷牛腩的菜单每月一小换，每季度一大换，很少被点到的菜式和粉丝认为不好吃的菜式会很快被淘汰。

雕爷牛腩的主要目标客户是懂得享受生活和具有美学欣赏水平的中产阶级，他们很重视视觉享受，因此雕爷牛腩的菜品摆盘非常漂亮。而且这是一个“分享经济”的时代，美好、漂亮的东西大家才愿意发到微博、微信上去分享。

雕爷牛腩有一个独特的职位叫“首先体验官”，其工作内容就是从客户的角度出发感受餐厅的一切，随时把顾客的反馈意见汇报给领导层，餐厅会根据这些意见优化产品、改善服务。不断优化产品和升级服务使雕爷牛腩的顾客常常发出这样的尖叫：“哇！又有新菜了！菜品越来越漂亮了，环境越来越美了。”

在这个注重新鲜体验的时代，“无限改进型”企业才能得到客户的青睐，出现一代又一代的电子产品就是典型的例子。雕爷把这样的“优术”也用在了餐饮业上，今天你来到的雕爷牛腩是 2.0 版本，明天你看到的可能就是 3.0 版本，只有根据用户的需求不断升级、优化产品和服务，好的口碑和重复消费才能形成。

第三招：重组顾客价值链构成，让顾客获得超值体验

雕爷在创办雕爷牛腩之初便制定了蓝海战略，即将原有的顾客价值链构成打乱，再进行重组，为的是让用户获得超值体验。比如“少而精”的菜式；根据男女不同而设计并可免费续杯的 7 道茶水；米饭分为从日本移植的越光稻、蟹田糙米及泰国香米 3 种；筷子的材料来自缅甸原始森林的名贵鸡翅木，顾客使用完后还可以带走；碗的设计更是贴心，底部粗糙、厚重避免烫手，碗沿薄而光滑并特意开一个斜槽以卡住勺子，方便喝汤。

如果总结一下雕爷牛腩的价值链构成，就是：5 星菜品，4 星环境，3 星服务，2 星价格，1 星等位。重组后的价值链构成产生了新的顾客获得价值，使来到雕爷牛腩的每一位顾客都能获得超值的体验和享受。

如果能为消费者提供超出预期的满意，何愁他不一来再来呢？

这三招创业优势实现了顾客对雕爷牛腩的黏性，保证了雕爷牛腩的迅猛发展和持续红火。

创业定位：新中式创意料理，中国一流的轻奢餐厅

雕爷牛腩的主要目标顾客群是那些收入较高的中产阶级、优质白领和小资群体，他们会去看芭蕾、歌剧，而不会觉得是在浪费金钱；他们早就解决了温饱问题，愿意为更高层次的享受付费。但是，他们的收入又没高到可以每周去五星级酒店或米其林星级餐厅用餐，那么，雕爷牛腩就是他们最好的选择。

基于这样的定位，雕爷牛腩的产品定位必须是少而精，但同时又要保持每个季度更换菜单，以此满足目标顾客群挑剔的味觉，使他们能够产生重复消费。菜式上与传统的中餐明显区别开来，借鉴快餐和西餐的特点，定位于新中式创意料理；菜品绝对精致，环境和服务一流，各个细节近乎完美，当然，价格也不菲，这样才符合一流轻奢餐厅的定位。

正是因为有了这样清晰的定位并严格按照这样的定位去实施所有的细节，雕爷牛腩才能以"中国第一轻奢餐"的形象树立在消费者中间。但也有人说，雕爷牛腩不过是升级版的快餐实验，并没有大家所说的那样神奇。对于这样的看法，雕爷不置可否，因为雕爷牛腩本来就是雕爷的一次"丛林探险"，前无古人，没有可借鉴的经验，尚有许多改进的空间。打造中国一流的轻奢餐厅的梦想，雕爷从未改变。

轻创业

Easy business

第2章

低门槛创业：投入少，人人都可以当老板

Easy business

富军：背着大米“跑马拉松”的老板

有些朋友一说起创业不是胆怯就是发愁：没有启动资金，没有产品，没有销路，没有钱去打造品牌。其实，有时候创业并不需要太多钱，销路也可以在你一边经营一边摸索中打开，只要用心去干，一切都有可能。这是富军告诉我们的道理。

无意中发现商机，摸索中开始创业，不懂就去学习，有想法就去实施，这不就是众多创业者都走过的路吗？如果你足够聪明、勤奋、执着，那么你也可以用很小的成本去创业，在很短的时间里实现收益，就像富军这样。

创业人富军：山东汉子要卖东北大米

富军，山东小山村里走出来的汉子，大学毕业后在上海从事五金配件外贸生意。他的太太是东北人。东北大米好吃大家都知道，富军家里吃的米都是从太太的老家寄来的有机大米，他们不但自己吃，有时也送给朋友吃。朋友们都说好吃，吃完了还向他要。看到这情形，太太就跟富军开玩笑：“大家都这么喜欢吃家乡的大米，干脆咱们卖大米得了。

你不是金牌销售员吗，如果能把咱们家乡的大米推广出去，那也算是做了一件好事。”太太本来是开玩笑，但富军听完却动了心思：如今大家都很重视健康，卖有机大米应该是一桩不错的生意。和太太商量后，他果然开始卖大米了。

创业模式：微信宣传 + 事件营销

如今，创业的模式越来越多样化，富军也采取了多元化创业模式。

第一，线下朋友圈营销。刚开始，富军对卖大米的创业模式并没有很成熟的想法，他还是按照原来的习惯，在自己的朋友圈里“转悠”，只不过扩大了朋友圈的范围，比如朋友的朋友、同事的朋友、太太的朋友。富军采取的办法是先送，同事、朋友能送的都送，10 斤、20 斤、30 斤。富军很大方，他本来就是做销售的，知道在市场没打开之前，就得用免费赠送的方式获得最初的一批客户。

第二，微信朋友圈营销。朋友圈的客户毕竟有限，没过多久，富军发现大米开始滞销了。就在他苦恼的时候，一次户外旅行时“驴友”们互相加微信给了自己启发。富军发现，微信这样火，认识朋友不需要再交换名片，直接加微信号就可以了。一周的旅行结束后，富军竟然有了几百个微信好友，他尝试着在微信朋友圈里推销大米，效果非常好。于是，他开始钻研微信营销之道，每天在自己的朋友圈里推送有关大米的信息，还让朋友们参与帮他卖大米，比如让朋友帮他起粟米的名字、想广告语及活动创意，这种参与增加了大家对他的大米的认同感。就这样慢慢经营，富军的朋友圈有了 3000 多个好友。

第三，事件营销。虽然微信营销做得不错，但富军总觉得还缺少爆炸式的效应，这种爆炸式效应只能通过事件营销来实现。一次，上海国际马拉松比赛给了他这样的机会。富军报名参加了这次马拉松比赛，但和一般的参赛运动员不同的是，他是背着米袋子在奔跑，而且把自己打扮成“愤怒的小鸟”，这只“小鸟”身上还贴满了二维码。富军的这个形象引起了大家的关注，大家纷纷找他合影，媒体也来采访他，他的形象上了各大新闻头条，成了话题人物，大家纷纷议论着一个卖大米的人背着米袋子跑步。

经过这三步营销，富军打开了市场，大家都知道，富军是卖大米的，买大米要找富军。

创业优势：来自家乡的有机大米是最大的卖点

大家对食品的基本要求主要有两点，一是要健康，二是要营养，可就是这最基本的要求，很多时候都满足不了，现在市场上有些大米颜色又白又亮，看起来是很漂亮，可是总让人怀疑是经过人工上色了。总之，大家不敢放心购买。但东北大米好吃、有营养，在全国人民心中一直有良好的口碑，这也是富军当初要卖大米的原因。而且富军有可靠的进货渠道，他都是从太太的亲戚那里进的原汁原味的东北大米，没有经过中间商，质量绝对有保证。所以，富军总是自信地对顾客说：“我的大米是正宗的东北大米，无任何添加剂，价格还便宜。”仅这一点就对消费者充满了吸引力。

创业定位：做健康的大叔，卖健康的大米

如果问一问富军的客户，他们对富军的印象是什么，可能大家都会这样回答：“健康、开朗、幽默，是一位对卖大米非常执着的憨厚大叔。”没错，这就是富军，无论是面对朋友还是顾客，他都是以这样的形象出现。这也是富军对自己的定位，他一直认为要做好生意就要先做好人，顾客接受了你，才会接受你给他推荐的商品。

富军对自己形象的定位和他对大米的定位一致——健康、可靠、令人放心。富军常说："我要做健康的大叔，卖最健康的大米，让我的每一位顾客都过上最健康的生活。"在微信朋友圈里，富军除了推送有关大米的信息，还经常推送有关"健康、感恩、真诚、善心、理想"之类的文章，就是想给大家传递一种正能量，让大家先认可他，再认可他卖的大米。所以，富军创业成功固然和他采取的有效的营销手段分不开，但和他的个人魅力及打造出来的大米品牌形象也有很大的关系。

小王跑腿公司："我跑腿，你方便"的小成本创业

"跑腿"是中国人很熟悉的一个词，不过很多时候在中国人的印象中，它是"帮忙"的代名词，是义务的、免费的，跑跑腿嘛，只是花费自己的一点点时间和精力，没有多少成本，哪好意思收费。

但是，现在有人把"跑腿"当成了一门生意来做，要收费，要挣钱，要开"跑腿公司"。现代社会，大家的生活都很忙碌，而需要"跑腿"办的事情却很多，不能每一次都让别人帮忙，而自己又分身乏术，或者有时间却无门路、怕麻烦，那么"跑腿公司"就应运而生了。

轻创业时代，每一种社会现象都可能是一次创业的机会，"跑腿公司"正是有前瞻眼光的创业者抓住了这样的机会而出现的产物。现在，中国各地的"跑腿公司"已经有很多家，既给许多人带来了方便，也给创业者带来了财富。"小王跑腿"公司在这些公司中就独树一帜。

创业人王志："穷"研究生开起了"跑腿公司"

王志，武汉工程大学硕士毕业生，从上大学时候起就开始尝试打工、做生意、闯市场。读研究生时，王志很想创业，但一没资金，二没经验，除了时间和精力几乎什么都没有。他想，什么行业是不需要过多的资金和经验，只需要投入时间和精力就可以起步的？

王志和伙伴们商量了下，大家聊到其他城市有人办跑腿公司，专门帮人跑腿、代办事情，这个生意几乎不需要任何投入，只要勤快就行，就算干不好也不用担心亏本。王志觉得这符合自己的情况，是个好生意，于是说干就干，立刻和小伙伴们行动起来，注册了公司，专门代办各类证件，代送文件、礼物，送外卖等，凡是跑腿的事儿都干。

就这样，王志的"小王跑腿"公司成立了。

创业模式：互联网＋线下服务

"小王跑腿"公司的客户主要是通过互联网联络的，比如淘宝网店、微店等。他们根据顾客的要求商量好价格，然后去帮顾客"跑腿"，等事情办完、顾客满意了再确认付款。简单地说，"小王跑腿"公司的创业模式就是互联网＋线下服务，宣传公司、联系业务、付款等都在互联网上进行，具体业务在线下进行。

在微博上，王志把每次"跑腿"的经历以文字形式编成故事，到目前为止他已经写了几百个故事了，这对于公司来说也是一种宣传。

在线下，就需要他们做好顾客的每一次服务。公司的业务涵盖范围很广，包括办证件、送文件、送礼物、送外卖、代报名、代排队、接送人、代驾、代送修家电、代派发贺卡请柬，等等。只要是生活中人们有实际需求的，哪一件事都需要"跑腿"，而且还要跑得快、办得好。所以，服务质量就很重要。"跑腿公司"没有别的优势，就是靠卖服务，看谁“跑”得更快、更好。

不过，跑腿公司要想办得更好，就不能只把业务锁定在技术含量很低的“跑腿”上，否则公司往后就没有了竞争力，因为“跑腿”谁都能干。所以，“小王跑腿”已将自己的“跑腿”业务升级了，升级后叫作“U-Time时间管家”，就是打造一个互联网平台，把时间卖给客户，帮助客户更好地规划时间。升级后的“小王跑腿”将形成更多元化的“跑腿”业务。

创业优势：高学历的跑腿业务员 +“一对一”的服务

现在市场上“跑腿公司”很多，但是大部分“跑腿公司”的“寿命”都很短，像“小王跑腿”这样经营了四五年、发展成 20 多个人的团队并不多。因为这是个低门槛的行业，又是个新兴行业，市场上没有相关规范，从业人员的素质也良莠不齐，服务质量有时跟不上，这样就难以取得顾客的信赖，顾客不敢把一些重要的事务委托给“跑腿公司”办理，那么公司就经营不好。

比如代办证件，一是要知道顾客的隐私，二是像护照、商业用的一些证件等办起来还挺复杂，不仅手续烦琐，还需要了解一些相关知识，如果跑腿业务员的素质太低，可能就办不好。但是，“小王跑腿”就不存在这种情况，它的成员的最低学历是本科。

王志并没有因为这是一个低门槛的行业就放松了对员工的素质要求，光这一点就取得了不少顾客的信任。比如，在北京工作的田小姐想办护照，需要去户口所在地武汉“借户口簿”，自己没有时间就找到了“小王跑腿”，但又对他们不太放心，于是查看了“小王跑腿”的微博，发现公司很多成员都是研究生毕业，这才放心了。这本户口簿第二天就寄到了田小姐手里。田小姐感慨万分：“如果我自己跑一趟，耽误时间不说，来回高铁票就要 1000 多元，而现在 180 元钱就办好了。”可见

“跑腿公司”有存在的必要性。

除了拥有高学历、高素质的“跑腿”成员，王志还把“保护客户隐私”写入公司的规章制度，员工必须遵守。

虽然“小王跑腿”的某些业务与快递、外卖和中介行业的业务会有雷同，但王志认为自己比它们更有优势，因为自己提供的是“一对一”的服务，而且不会拖延，只要顾客提出来就立刻去办，所以很多时候，顾客会优先选择自己。

创业定位：为懒人、忙人、着急办事的人、无门路的人提供精细化服务

在以前，我们很难想象“跑腿”也可以作为一种生意来做，但是现在大大小小的“跑腿公司”纷纷出现，这说明大家需要有人为他们“跑腿”。那么，都是哪些人需要这样的服务呢？小王认为，他公司的目标客户应该是那些大中城市中工作忙碌、没有时间和精力去办理一些琐事，或者即便有时间和精力但是不知道该如何去办理业务，或者是嫌麻烦懒得亲自去办理的那部分人。这部分人的收入不低，比起他们的时间和精力来说，花费一些“跑腿费用”算不了什么。当然，最需要这项服务的是那些着急办事的人，他们用“跑腿公司”的资源可以很快办到。

这样的目标客户群体也是由于中国特有的现象形成的。众所周知，在中国有时办理一些手续比较烦琐，许多人没有时间、精力和耐心到处去跑着办理，再加上越来越多的人消费观念比较赶潮流，他们宁愿懒懒地“宅”在家里，也不愿意出去“跑腿”。对他们来说，花费一些金钱换取时间是很划算的事情。另外，随着社会的发展，许多人的社会关系会跨越不同的城市甚至不同的国家，需要“跑腿”办理的事情越来越多、范围越来越大，这些都成为“小王跑腿”公司的目标客户和业务发展方向。

虚拟女友：创业成本只是投入自己“无聊的时间”

曾有人这样想过，如果未来我们可以把爱“外包”给机器人，那会是一种什么情景？这个设想当然还没有变成现实。但是，虽然爱暂时不能“外包”给机器人，却可以“外包”给一个虚拟的人，就是“虚拟女友”。

什么是“虚拟女友”？就是来自互联网上的虚拟女朋友。我们听说过女友可以租，却很少有人知道女友还可以“虚拟”。但是，现在确实有人提供了这项服务——“假如我们没有真实地被别人爱着，却依然能够感觉到爱意，这是不是一件很美好的事情？”这是“虚拟女友”的宣传语。与互联网上的“虚拟女友”聊天、倾诉、嘘寒问暖，是一种什么感受？“虚拟女友”靠谱吗？“虚拟女友”是提供色情服务的吗？会有人对这项服务感兴趣吗？每一个第一次听说“虚拟女友”的人都会有这样的疑问。

不过，这些疑问随着“虚拟女友”的渐渐走红揭开了谜底。“虚拟女友”是一项正规、靠谱的服务，它能给单身男士们带来温暖，能驱走他们的寂寞、解答他们的疑惑。许多男士对“虚拟女友”很感兴趣。提供“虚拟女友”的店家每天受理的咨询电话不断，店家也通过提供这项服务赚取了一桶桶金。

创业人鹿鹿：为“宅男”提供虚拟服务的“宅女”

鹿鹿是个“宅女”，21 岁。她原本对“虚拟女友”一无所知，但她是个日本漫画迷，从日本流行的漫画书《虚拟女友》中，她第一次听说了“虚拟女友”这个词。

作为一位“宅女”，鹿鹿也有不少“宅男”朋友，她懂“宅男”的寂寞，知道他们不喜欢外出又希望有人陪伴。鹿鹿曾开玩笑说："你们如果有个互联网女朋友就好了。"没想到有一天她突然看到真有人在网上"出售"女朋友，就叫"虚拟女友"，服务内容包括早上叫起床、睡前道晚安、倾听烦恼等，还真和自己心目中的"虚拟女友"相似。

鹿鹿受到了启发，她想，作为一个深懂"宅男"的"宅女"，何不自己开一家提供"虚拟女友"服务的店呢？于是，在 2014 年 8 月，鹿鹿的名为"小鹿触动你心头"的"虚拟女友"淘宝店成立了。

创业模式：互联网时代兜售"虚拟陪伴"

"虚拟女友"为什么能够存在呢？这跟这个时代有很大的关系。互联网文化的发展使许多人的生活既丰富又空虚，虽然他们的生活看似被许多内容填充着，但内心很寂寞。尤其是互联网文化滋生了很多"宅男"，他们空虚、寂寞却又不喜欢外出结交朋友，这中间还有大量被情感问题困扰着的单身男女。他们渴望对方尤其是异性陪伴、向对方倾诉、需要对方解答疑惑。于是，"虚拟女友"出现了。总之，"虚拟女友"兜售的就是"虚拟陪伴"。

在互联网上，每天有这样一位虚拟的伴侣，通过微信、QQ、短信或 APP，提醒你按时起床、吃饭、睡觉，倾听你的烦恼和抱怨，为你的情感问题出谋划策，为你的生活加油鼓劲，这会带给你一种感觉：有一个人无时无刻地关心着我，我感到很幸福、很温暖。

为了使这种陪伴更真实，鹿鹿的淘宝店提供了多种类型的"虚拟女友"：萝莉型、御姐型、性感型、邻家女孩型、阳光治愈型、成熟知性型，等等，这让"宅男"产生一种错觉：这和现实生活中的女朋友差不多。在现实生活中，"宅男"不一定能交到理想的女朋友，而在鹿鹿的淘宝店里，却可以随意挑选自己中意的"女朋友"；现实生活中，女朋友有可能会冷落男朋友，而在这里，“虚拟女友”会给他们带来无微不至的关心和体贴。这使他们的内心得到了满足，尤其是现实生活中那些不被女性青睐的男士。

创业者鹿鹿的创业成本很低，她只需要雇几个有闲暇时间并且比较会聊天的年轻女士就行，而从事“虚拟女友”工作的这些女士付出的仅仅是自己无聊的闲暇时间。

只要付出一点金钱，就可以得到全天候、无微不至的关心和陪伴，这是“虚拟女友”迅速火爆的原因。鹿鹿的淘宝店每天的成交量在 30 ~ 40 单，开业两个月就做到 4 钻卖家，而鹿鹿只是付出了时间，就获得了巨大收益，堪称“最轻松的创业”。

创业优势：最懂“宅男”的“宅女”，最适合产生“虚拟女友”的时代环境

“虚拟女友”既然是为“宅男”服务的，就要懂自己的同龄人和同类人——“宅男”。作为从小就喜欢“宅”并有许多“宅男”朋友的女青年，鹿鹿熟悉互联网文化和“宅男”的心理，知道什么“虚拟女友”最受他们欢迎，知道他们最需要什么服务，也知道“虚拟女友”要怎样聊天才能让他们感到更舒心。鹿鹿不光懂“宅男”，也懂“宅女”，她的店里不光有“虚拟女友”，还有“虚拟男友”。

“虚拟女友”的年龄在 17 ~ 26 岁之间，需要会聊天、会找话题、会唱歌，而且还要声音好听，提供服务的时间是上午 9 点到晚上 8 点。但提供的服务不包括发照片、视频和黄色内容，这些都在购买“虚拟女友”之前就已经申明：女友们三观端正，请不要有龌龊的心理和提不健康的要求。

时下的大环境也为“虚拟女友”的红火创造了条件。互联网时代，年轻人早就习惯了互联网上的一切社交活动，以前流行过“虚拟宠物”，后来流行过“虚拟种菜”。人们对动物和菜都能如此上心，何况是对如此关心和体贴自己的女友呢?

以前有互联网聊天室，现在有“一对一”的“虚拟女友”，这不过都是时代发展的产物，是人的孤独感和社会认同感同时起作用的结果。时代需要“虚拟女友”，这种创业方式不过是顺应时代的需要应运而生罢了。

创业定位：饱受城市孤独症折磨的“宅男”的精神乐园

“虚拟女友”为什么人服务，其实一开始鹿鹿就有很清晰的定位，那就是饱受城市孤独症折磨的“宅男”——他们没有女朋友甚至没有多少同性朋友，喜欢“宅”，年龄在 18 ~ 30 岁之间。更大一点的男士大部分已经组建了家庭，他们不太需要“虚拟女友”。

城市孤独症是时代病，社会越发展，人们在现实生活中往往会越孤独，越需要陪伴，但现实生活中肯交心的朋友很少，而且很多“宅男”不喜欢或不善于真实的社交活动，所以他们就用互联网上的社交取代现实生活中的社交，这是互联网文化越来越发达造成的。“虚拟女友”就是发达的互联网文化滋生的新现象。

对患有城市孤独症的“宅男”来说，“虚拟女友”就是他们的精神乐园，他们在现实生活中无法获得的一些精神享受可以在这里得到满足，即使他们知道这是假的，仍会不由自主地选择与其交流。一位即将考研在家苦读的“宅男”因为“虚拟女友”无微不至的陪伴，一扫平时的苦闷和孤独，深陷在这种“幸福的错觉”里无法自拔。

无论这种幸福是一种真实的感受还是一种错觉，都慰藉了这些饱受城市孤独症折磨的“宅男”，有大量的“宅男”成了“虚拟女友”的客户。如今，鹿鹿的淘宝店已成为淘宝网上最大的“虚拟女友”供应商之一。

但是，“虚拟女友”的前提是付费，这和真实的朋友关系是不一样的，她们由于利益的原因会完全站在你的立场替你说话，而真实的朋友不会对你百依百顺。习惯了“虚拟女友”的男士，对现实生活中的女性朋友会更加挑剔，也更加难以找到合适的女朋友，他们对真实的社交生活更加茫然。因为没有真实的女朋友而寻找“虚拟女友”，最后却使男士更加难以适应生活中的异性朋友，这造成了恶性循环。

另外，“虚拟女友”服务虽然谈不上违法，但有时也会出现“打擦边球”的情况，两性对话，客户形形色色，经营者为了利益，双方难免会说一些暧昧的话，有时底线难以把握。

因此，提供“虚拟女友”服务虽然是个不错的创业项目，但前景如何，规范服务和管理是首先要做好的。鹿鹿和更多的“虚拟女友”经营者还需要有更多的思考和摸索。

陪孕师：出售心理咨询，陪孕师为孕妇“保驾护航”

关于女性孕期前后的服务，我们听说过月嫂、催乳师，却几乎没有听说过“陪孕师”。所谓“陪孕师”就是陪伴怀孕的妇女安全、愉快地度过孕期一直到顺利生产的人，这是个很新鲜的职业。

在以往，我们都认为生了孩子的女性和婴儿需要专门的人照顾和陪伴，所以月嫂和催乳师很重要。那么，怀孕的妇女也需要专门的人陪伴吗？对于这个问题，我们好像没有清晰的答案。但是，如果你现在在互联网上搜寻一下，会发现寻找“陪孕师”的家庭越来越多。“陪孕师”

这个职业不知道从什么时候开始悄悄地诞生了。

黄海燕正是“陪孕师”的创始人，她不仅自创了“陪孕师”这一新兴职业，而且还创办了一家培训“陪孕师”、提供陪孕服务的公司。现在她的公司已经占领了湖北市场，正在向全中国开疆拓土。

创业人黄海燕：心理咨询师转行干起了“陪孕师”

黄海燕，湖北江汉大学中文系毕业，中山大学应用心理学专业研究生。按理说，她拥有这样高的学历，找工作应该不难，但事实并非如此。在如今人才众多、学历贬值的时代，很多拥有高学历的人也不一定能找到满意的工作。黄海燕研究生毕业后进入一家心理咨询中心工作，可正赶上金融危机爆发，很多心理咨询机构的经营情况并不乐观，前来咨询的人寥寥无几。黄海燕忧心忡忡，照这样的情况，自己想开一家心理咨询中心的梦想什么时候才能实现呢？于是，她萌生了辞职的念头，并向单位请了长假，想重新思考一下自己的职业规划。

黄海燕在家休息的那段时间，邻居张阿姨来找她，说自家儿媳妇怀孕了，但儿子要上班，自己年纪大了和儿媳妇又没有太多的共同语言，想让她没事做的时候陪儿媳妇聊聊天。黄海燕本来闲着也没事儿干，就答应了。

在陪伴张阿姨的儿媳妇的过程中，黄海燕发现张阿姨的儿媳妇各方面的状态都不是很好，对生孩子、养孩子都很恐惧，对以后的职场生涯也很忧虑，而且离开奋斗了几年的职场她很不习惯，心情很忧郁。作为同龄人，黄海燕对她进行了一些开导。或许是由于黄海燕熟知人的心理，她的开导很管用，张阿姨的儿媳妇在她的陪伴下心情渐渐开朗起来。就这样，一个多月过去了，张阿姨的儿媳妇顺利生下一个男婴。张阿姨非常感激黄海燕，说：“儿媳妇在你的照顾下改变了很多，谢谢你。”然后她给了黄海燕一个 1000 元钱的红包。

黄海燕很吃惊，觉得自己并没有做什么，只是陪张阿姨的儿媳妇聊聊天、偶尔给她做些好吃的而已，竟然有这么大的回报。这件事启发了她：生活中是不是还有许多像张阿姨的儿媳妇一样，在孕期需要照顾和陪伴尤其是心灵陪伴的人？她上网查询并四处打听了一番，发现这真的是一个市场空白，于是她决定——我来填补这个市场空白。

黄海燕向单位递交了辞呈，并制作了一个介绍自己并附带各种证书的牌子来到妇产医院门前寻找客户。刚开始自然是无人光顾，等了好几天，终于有一位老婆婆和她达成了协议：由黄海燕照顾她的女儿，每天的报酬是 150 元。就这样，黄海燕开始了她的“陪孕师”创业生涯。

创业模式：出售高质量的孕期陪伴

“陪孕师”这个行业，在有形的投入方面几乎是零，无须投入场所和资金，需要投入的只是时间、精力和知识。“陪孕师”不是保姆，她需要做的事情比保姆多得多，除了日常陪伴，还需要提供医疗卫生、安全健康和一系列心理辅导服务，包括规划孕期妇女的职业，并为她们提供心理调节、处理家庭关系方面的辅导，等等，提供的服务是全方位、深层次的。

在以前，或许没有多少人需要这样的服务，因为以前人们的生活水平并不高，对生孩子的要求仅仅限于安全、顺利生产即可，对孕妇的心理健康并不太关注。但是，现在很多人都要求生活品质，尤其是高学历、高收入家庭，他们对孕妇能否快乐地生产很重视。而女性把自己的心理健康、生活幸福看得很重要，因为她们知道，自己的健康和幸福与孩子息息相关。那么，这个时候就需要“陪孕师”了。在互联网上，不光是黄海燕在寻找自己的客户，许多人也在寻找高级“陪孕师”。

从字面上理解，“陪孕师”就是陪伴孕妇度过怀孕期的人，也就是说“陪孕师”提供的服务是陪伴，但它是一种高质量的陪伴，与“虚拟女友”一样，是给孕妇的生活带来快乐和幸福的人，她更像是一个“心灵保姆”。

提供陪伴就能获得报酬，这在以前是不可能的。在新时代，陪伴有了价值，这是因为人不再只是注重物质享受，同时也开始关注自己的精神享受。这说明，任何一种社会现象都有可能成为创业机会，只要你善于发现和创造。

现在，黄海燕已经由独自一人打拼发展为从事“陪孕师”培训、提供“陪孕师”服务的公司，并租下了办公场地，雇用了一批高素质的员工，与各大医院妇产科合作，有了稳定的客源，她将为更多的孕妇提供高质量的孕期陪伴服务。

创业优势：高知“陪孕师”为孕妇“保驾护航”

“陪孕师”不是保姆，普通保姆大多只能照顾孕妇的饮食起居，不可能很好地给孕妇带来心灵的安抚，但“陪孕师”却可以。黄海燕之所以能够开创“陪孕师”这个行业并最终取得不错的成绩，是跟她的高学历、高素质和专业对口分不开的。

孕期是女人一生最重要的时期之一，这个时期她们的生理和心理都会发生很大的变化，有些女人适应不了这样的变化，患上了不同程度的产前抑郁症，严重的会影响胎儿的健康。这种情况是普通的保姆解决不了的，就连孕妇的家人可能也束手无策。那么，这就需要专业的心理医生对她们进行心理疏导。而这正是黄海燕的专长，她毕业于名牌大学，学的是心理学专业，又身为女性，最适合为怀孕的女性朋友提供这样的服务。这也是很多客户毫不犹豫地选择黄海燕做“陪孕师”的原因。

黄海燕不仅仅是陪伴孕妇度过漫长难熬的孕期，更是为她们的身心健康“保驾护航”，还能为她们的人生幸福提供指导。比如，她会根据客户的性格，分析她们以后适合从事什么职业，帮她们梳理家庭关系，等等。这些服务是一般人提供不了的。所以，很多客户说黄海燕是一个“高知陪孕师”，这是她独一无二的优势。

对黄海燕来说，一位心理学硕士做“陪孕师”并不是大材小用，而是物尽其用。当然，这个时代的发展为她提供了展现才能的机会。

创业定位：打造高知“陪孕师”团队，为高知家庭服务

什么家庭需要“陪孕师”？那些刚刚解决温饱问题或者还在贫困线上挣扎的家庭是不大会选择“培孕师”的。需要“陪孕师”的当然是高知家庭、中产家庭或一部分小康家庭，他们能够认识到“陪孕师”的重要性，能够接纳“陪孕师”这个新兴的职业，同时有能力、有意愿为这样的服务支付不低的费用。因为“陪孕师”提供的服务相对来说是无形的，不像一般保姆提供的服务（把家里打扫得干净、做可口的饭菜）看得见、摸得着。没有较高的认知水平和一定的经济能力的家庭，是不愿为“陪孕师”的服务付费的。所以，“陪孕师”的目标客户是高知家庭、中产家庭。

黄海燕要打造的正是一支高知“陪孕师”团队，她招收的“陪孕师”都是大学生。刚开始有些大学生不了解“陪孕师”这个职业，把它等同于一般的保姆，认为一个大学生做“陪孕师”太掉价。但是，当她们得知黄海燕是一位心理学硕士以后惊愕不已，才知道这是一个需要具备高素质和专业知识才能从事的行业。

现在，黄海燕公司的“陪孕师”都由她亲自培训，她必须保证自己团队成员的整体素质，目的是打造一支专业的“陪孕师”团队，为更多的孕妇提供更专业、更全面、更有效的服务。

景楠：以互联网代销形式卖茶叶，实现零投资创业

在现实生活中，许多人的创业机会往往从自己的一个普通爱好开始，比如爱做手工的李守静，靠制作手工皮包成就了自己的创业梦想；爱写段子的薛之谦，靠写段子开启了自己事业的第二春。这就说明，只要我们有心（有时甚至是无心），创业的机会随时都会出现。

比如我们现在要讲的这位创业主人公景楠，她只是一名普通的工人，由于自己爱喝茶，从喝茶中发现了商机：由于她有一位生产花茶的同学，所以从同学那里得到了一个有利的创业条件。

创业人景楠：从喝茶到卖茶只在一念之间

景楠，一位普通的工人，职业是质控员。她的工作是三班倒，所以休息时间比较多也比较集中。但是，这么长的休息时间却常常让她很烦恼：该怎么度过呢？不能总是看电视、出去玩吧，这样有点浪费生命。该如何充实生命，景楠刚开始也没有好的想法。

景楠有一位高中同学是花茶商，主要做鲜花类的饮泡品，在云南有自己的花圃，生意做得挺红火，每天搞生产、做业务，忙得不亦乐乎。景楠爱喝茶，常常从老同学那里买茶喝，感觉喝着很不错，于是推荐给亲戚、朋友和同事。谁知大家也觉得味道很不错，纷纷托她帮忙买。一来二去买得多了，景楠想，既然这么多人喜欢喝，不如把它当

成一门生意来做，反正自己一直想在业余时间找点事做，不如就做这个吧。

于是，景楠仔细研究了同学的产品，发现鲜花类的饮品在女性群体中有很高的认知度和消费需求，而且同学一直开发的是南方市场，北方市场一直没做，不如自己来开拓北方市场。跟同学商量以后，同学很支持她的想法，于是，她的花茶互联网批发店就开起来了。就这样，酷爱喝茶的景楠成了一个卖茶的商人。

创业模式：零投资的互联网代销批发

在创业之初，景楠就在想：我用什么模式创业呢？如果辞职做，会不会太冒险，万一做不好可就没有退路了，所以工作还是不能丢；如果专门做京津地区的一级代理商，我又没有那么多资金进货。思来想去，景楠决定先以代销的形式做互联网批发商，这样自己一方面可以不用辞工作，另一方面可以不进货，自己负责推销产品，有订单就从同学那里发货，这样就没有太大风险了。景楠把想法跟同学说了，没想到同学竟然答应了。还是因为有多年的同学情谊在，景楠才能获得如此优惠的代理条件。

其实现在很多创业者都采用这样的创业模式，尤其是电商迅速发展以后，做代销非常方便，这样的形式也给一些想创业但既无资金又不愿冒险的人很多机会。

在景楠开店之前，花茶产品已经在她的朋友圈里有了一定的销路。开了网店以后，景楠迅速通过各种渠道在互联网上推广。景楠在线下主要做零售，而在互联网上主要做批发，这样可以保证产品的销路更广一些。由于产品质量好，再加上景楠用心地去推销，销量不错，开始只是批发给零售商，后来还发展了一批二级代理商，产品卖得越来越好。

创业优势：丰富多样、市场稀有的产品迅速打开销路

由于没有任何创业成本，因此景楠对这次创业非常有信心。首先，她对同学的产品非常有信心。一般的鲜花泡饮基本上是玫瑰，但同学的产品除了玫瑰还有清心明目的菊花、润肤香肌的茉莉。这还不是最大的优势，最大的优势是除了有干花饮泡品，还有可以直接饮用的鲜花纯浆，可以直接吃的鲜花饼、鲜花果冻、鲜花含片、鲜花蜜酱等。而且同学的产品都是取材于纯天然的鲜花，绝对环保和健康，这正是女性消费者看重的。所以，她的花茶产品非常受欢迎。

当然，对于缺资金的景楠来说，主要的优势还在于是零成本创业，无库存、无场所、不需要太多资金，连发货都不用，就算卖得不好，也没什么损失。这让她完全没有任何压力，轻装上阵，她只要做好推销就行。

创业定位：做京津乃至北方地区最好的花茶代理商

景楠最初创业时，并没有清晰的定位，只是为了找点事情做，好填补一下业余时间的空虚和无聊。但是，随着生意越来越红火，景楠开始思考，要创业就要用心去做，既然同学给了自己这样好的机会，就应该好好珍惜，所以，她逐渐有了做京津乃至北方地区最好的花茶代理商的想法。在同学的引导下，她规范网店每一个细节的运作，服务好每一个顾客，以开公司的标准严格要求自己，力求做到产品好、管理好、服务好，希望能成为京津乃至北方地区最好的花茶代理商，给更多注重美颜和健康的朋友服务。

张超：免费 Wi-Fi 让出租车司机成了热门“的哥”

在移动互联网时代，人们走进商场、超市、餐厅……几乎都有免费的 Wi-Fi 可用。人们也习惯了走到哪里都问一问：“请问，你们这里的 Wi-Fi 密码是多少？”但是，如果你坐在一辆出租车上，会问司机“你这里的 Wi-Fi 密码是多少”吗？恐怕不会。因为大家都知道出租上没有 Wi-Fi，一个不停移动的物体上很难安装 Wi-Fi。

然而，有一位出租车司机却在自己的出租车内安装了 Wi-Fi，并告诉乘客：“在乘坐我的出租车时，您也可以过上一段悠闲的‘Wi-Fi 时光’。”由于这项服务很特殊，他的出租车成了“抢手货”，每天通过滴滴打车等软件预约他出租车的人很多。提供免费“Wi-Fi”让这位出租车司机成了热门“的哥”，他也以此开启了创业之路。

创业人张超：一位提供免费 Wi-Fi 的出租车司机

现在有很多打车软件，很多人都会通过打车软件叫车，司机也需要安装打车软件接单，不仅方便快捷，还可以得到软件提供方的补贴。但是，查看乘客的打车信息和接收订单都需要互联网，如果手机的网速太慢，就会影响司机查看信息和接单的速度，无法快速抢到订单，从而影响生意。

为了避免这种情况，张超决定在出租车上安装 Wi-Fi。据他所知，网上有卖移动 Wi-Fi 的商家，于是他在网上购置了移动 Wi-Fi，将其安装在出租车上。经过测验之后，上网速度果然提高了，抢单的速度也快多了，抢到的订单增加了不少。

有一次，张超的车上有几位乘客着急团购 KTV 的票，但由于网速太慢，他们购票总是不成功。几位乘客很着急，说如果一直团购不上，他们晚上将不能如约参加活动。张超看着他们那么着急，就将自己车上的 Wi-Fi 账号和密码告诉了他们。几个人连上 Wi-Fi 很快就成功购票。他们连声感谢张超帮了他们大忙，说一定会帮忙推广他的出租车业务。

这件事给了张超灵感，他想，Wi-Fi 不仅可以自己用，也可以免费给乘客使用，这样是不是有更多的人愿意乘坐自己的出租车呢？毕竟现在很多人是一刻也离不开 Wi-Fi 呀！

张超与伙伴们商量以后，大家决定这样做。他们在 3 张纸上注明自己的 Wi-Fi 账号、密码和温馨提示，并将它分别贴在出租车的前后挡风玻璃和副驾驶前方。果然，他的做法引起了很多人的注意。由于 Wi-Fi 是免费的，来乘坐他们的出租车的人增加了不少。

创业模式：互联网时代乘车的“移动 Wi-Fi”服务

在出租车上提供免费 Wi-Fi 的创业模式很简单，司机只需要上网购置一台“移动 Wi-Fi”放置在出租车上，然后把 Wi-Fi 的账号和密码告诉乘客就行了。一个很简单的行为，一次极小的投入，就会给司机带来更多的接单机会和收益。

那么，给乘客提供免费 Wi-Fi 需要投入多少呢？其实购置一台“移动 Wi-Fi”只需要几百元钱，充好电可以用 4 个小时左右。此外，还需要办理上网套餐。所以均摊下来，免费 Wi-Fi 的成本并没有多少。

不过，移动 Wi-Fi 只能用来看网页、刷微博和微信等，看视屏和下载软件流量就不够用了。所以，张超也向乘客做了温馨提示：“请勿用移动 Wi-Fi 看电影、电视剧和下载软件。”这台移动 Wi-Fi 能同时支持 8 个人上网，即使车上坐满乘客浏览网页也很流畅。有了免费 Wi-Fi 以后，他的出租车成了很多乘客的首选，尤其是路途远的乘客，即便是坐上两三个小时也不再无聊了。

张超还在自己的朋友圈和互联网上进行了一些宣传，他的“免费 Wi-Fi 出租车”渐渐被人们所熟知，很多人慕名来坐他的出租车。这时，张超总是骄傲地告诉乘客：“全重庆只有我们的出租车有免费 Wi-Fi。”他的收益也随着提供免费 Wi-Fi 逐渐增加，以前他的月收入不过四五千元，现在已经有七八千元，几乎增加了一倍。张超说，收入增加与安装了免费 Wi-Fi 有很大的关系。

创业优势：免费 Wi-Fi 满足了人的“互联网依赖症”

互联网时代，人们似乎一刻都离不开互联网，首先是心理上依赖互联网，一刻不刷屏就好像少了点什么。其实，生活中很多时候人们也需要互联网，比如购物、打车、查询信息等。为了满足人们的这种心理和需要，很多地方尤其是消费场所都安装了 Wi-Fi，高档的如星巴克，平民的如小吃店，安装了 Wi-Fi 的消费场所就如夏天安装了空调一样吸引人。

有家公司专门对 50 人进行了问卷调查：有 Wi-Fi 和没有 Wi-Fi 的餐厅，你会选择哪一家？有 Wi-Fi 的出租车和没有 Wi-Fi 的出租车你会选择哪一辆？调查结果显示，有 45 人明确表示自己会优先选择前者，只有 5 个人表示无所谓。选择乘坐有 Wi-Fi 的出租车的人说：“有 Wi-Fi，自己的心情感觉很舒服，而没有 Wi-Fi 总是会觉得焦虑，尤其是在堵车时，如果没有 Wi-Fi、不能上网，真不知道该如何熬过漫长的堵车时间。”

张超正是抓住了人们的这种心理，为自己的跑车生意创造了优势。这是这个时代提供给他的机会。任何时代都有其特有的创业机会，能够看到并抓住机会的人，往往能创造创业的契机。

创业定位：提供优质服务，成为乘客心目中的“热门”的哥

出租车司机的主要职责是安全地把乘客送到目的地，能不能提供免费 Wi-Fi 并不影响他是否是一个好司机。但是，如果提供了免费 Wi-Fi，他带给乘客的服务就不仅是安全到达，更是舒服快乐地到达。坐张超的出租车得到的就是更加超值的服务。当你的服务超过乘客的期待时，他们一定会成为你的忠实乘客。

这就是张超当时为什么要为乘客提供免费 Wi-Fi 的原因，他要给乘客提供的是超值服务，并希望自己因此成为乘客心目中的“热门”的哥。现在已经有不少司机看到了提供免费 Wi-Fi 带来的经济效益，也和张超一样安装了免费 Wi-Fi。但是，张超并不怕因此失去竞争优势，因为他还为乘客提供了免费充电的服务，并在车中配备了晕车药、呕吐袋、清凉油等物品，他提供给乘客的服务越来越多，时时都在创新并赶超自己。张超认为，同行良性竞争的结果是乘客受益，这也是他乐意看到的。

未来，张超希望通过提供优质的出租车服务，成为同行中的楷模。

第3章

弹性办公：消除组织约束，创业、工作两不误

Easy business

■ 李守静:“格子店”老板的“寄卖生意”

提到“格子店”，很多生意人或创业者并不陌生，可是在几年前，李守静对它还是一无所知。现在，李守静竟成了手工制作者，成了“格子店”的老板。她的家人和朋友都没有想到，一个生意场上的“门外汉”，如今却成了老板，而且白天还不耽误上班，业余时间赚得更多。虽然她的网上手工皮具店规模很小，但收入相当不错，她的腰包充实了，精神也更充实了。

创业人李守静：从“上班族”到“格子店”老板

说起李守静的创业之路，开始得极其偶然。几年前，她在街上闲逛，看到商场一家店的墙壁上挂满了一个个小柜子，看上去很像书柜，但是这些柜子里摆放的不是统一的商品，而是一些完全不同类别的小玩意儿。李守静感到非常奇怪，商家为什么要将这么多完全不一样的小商品放在一起呢？他究竟是卖什么的？这样进货不是很麻烦吗？为什么要把它们放到这么多的小柜子里卖呢？

李守静心里有很多疑问，于是走上前去问老板。老板说：“这叫格子店，里面的商品不是我的，每一个小格子里的商品分别属于不同的老板，他们来我这里租一个或几个格子，然后把商品放到这里寄卖，我替他们卖，但收益是他们的，我只是收取租金。”老板的回答让李守静大开眼界，心想还可以这样做生意？老板又说，“来这里租格子的人大部分都是上班族，他们想赚钱但又不想辞掉本职工作，所以租格子店就最合适不过了。”

老板的话启发了李守静。她就问老板：“我有一些衣服和饰品，买回来以后基本就没有穿过，几乎是全新的，放在家里既占地方又浪费钱，不知道可不可以放在格子店里寄卖呢？”格子店的老板说当然可以。

于是，李守静把自己的一些衣服、饰品、二手物品放到了格子店里。她本来是抱着试一试的想法，但没想到就这样开启了自己的创业之路。

创业模式：大众创业环境下的“寄卖生意”

其实，格子店不是什么新鲜的事物，它起源于日本，已经流行好几年了。当李守静决定租用格子的时候，她开始详细了解格子店的创业模式。她发现，格子店解决了创业者的两个大问题，一是租金，二是看管和出售。

开店必然要租地方，但如果租一家店，租金会比较高，一旦生意不好可能连租金都赚不回来，而且还需要进很多货，否则店里显得空荡荡的，也会造成场地浪费，这样对于小本创业者来说就会造成投入大、风险大的情况。但如果是租一个店里的其中一个或几个格子，创业者可能只需要付整个店租的几十分之一，投入和风险都会大大降低。

开店还必须照看和出售，有时还要雇人出售，这无疑增加了时间成本和人工成本。但格子店完全不需要这样，你只需要把货放在格子店里就行了，由格子店的老板负责看管、出售甚至经营，你只需要偶尔去了解一下经营情况、补补货、结结账就行了，完全不需要在那里盯着。这样你就有足够的时间去干别的事情，比如上班。所以，开格子店既不耽误自己上班，又不影响自己创业赚钱。

李守静在了解了格子店的创业模式之后，发现这真的是个既省钱又省力的创业方法，适合像她这种没有多少创业经验又不愿冒险的创业者。由于她的东西品质不错，而且价格合理，她第一次放在格子店里的商品没过多久就卖掉了。

后来，李守静把自己平时手工制作的皮具放到格子店里卖。这些皮具更具特色，卖得非常好。再加上皮具是手工制作的，节约了不少成本，因此利润就非常可观。李守静一个月与格子店的老板结一次账，营业收入减去格子的租金就是她的利润。几个月下来，她发现格子店的利润已经比自己的工资高了。

李守静发现，在现在这种大众创业环境下，人人都想当老板，不妨先从“格子店”老板做起，把“格子店”当成“迷你店”来经营，虽然这个店很小，但若经营好了，也能创造大效益。

创业优势：极具个人特色的手工制作赢得顾客青睐

开格子店的门槛很低，一个格子的租金只需要几百块钱，稍微进点货也许 1000 多块钱就可以了，所以许多学生都租格子店。但这会造成一些情况：格子多、商品雷同无特色、价钱卖不上去，所以谁都可以开格子店，但并不是谁都可以赚到钱。那么，怎样才能从众多格子里脱颖而出呢？就是商品必须有特色、独一无二，并且品质要好。

李守静刚开始卖的是自己的二手物品，由于大部分都是名牌，当初的交易小票她都保留着，而且售价比较低，所以比较好卖。但是，要想赚钱就不能一直这样卖。李守静想，自己做的东西应该很有特色，因为自己从上大学时就有做手工的爱好，这些年也做了一些手工牛皮包，除了自己用还给家人和朋友用，大家常常惊叹比商店里卖的都好。她想，不如把这些手工牛皮包放在格子店里试试。结果，这些牛皮包很快就被大家一抢而空，李守静连忙加班加点制作。就这样，李守静拥有了最佳货源。由于这些皮包是手工制作，成本大大降低，而且小巧精致，每一个都别具特色，还可以根据顾客的要求定制，所以她的手工牛皮包非常受欢迎。

其实，谁都能创业，尤其是开个几乎无门槛的格子店，但若想成功，一定要找到自己的创业优势。虽然格子店的创业模式本身已经具备了不少优势，但这个优势是所有的“格子店”老板共有的，创业者必须再找到自己的独特优势才能成功。

创业定位：具有艺术特色的 DIY 手工制品

即便创业规模再小，都得有自己的定位，否则你的产品就会被淹没。李守静是怎么定位自己的格子店的呢？她后来对格子店进行了更多的了解，发现格子店不适合平淡无奇的商品。司空见惯的东西大商场里都有，而且比格子店里更全、质量更好、更容易获得顾客的信赖。顾客来到格子店就想买一些稀奇古怪、价格适中的新奇玩意儿，他们不是图便宜，但是很贵重的他们也不会在这里买。所以，格子店很适合卖一些有艺术特色的、DIY（自己动手做）的或者二手潮品等。

了解了这些之后，李守静就把自己的格子店定位于具有艺术特色的 DIY 的手工制作品，结合自己的特长，就专卖手工牛皮包。因为格子店的大多数顾客一般是具有一定生活品位的 20 岁至 40 岁的白领阶层，他们对生活讲究但又不完全追逐名牌，他们往往更关注商品的独特性和品质，所以价格中档的手工牛皮包就很容易受到他们的青睐。

事实证明，李守静的定位很正确，她的手工牛皮包卖得越来越好。李守静觉得格子店已经不能满足发展了，因为格子店受规模和经营方式所限不可能有大的发展，毕竟格子店老板只是代卖，不可能在经营上下太大的功夫，但是她又不想开实体店，因为没有时间去打理。于是，李守静就在网上开了一个网店，将格子店与网店相结合，线上、线下齐开花，她的轻创业之路走得越来越好。

秦歌：办公室角落里的“真股东”

在一座普通办公楼的不起眼的角落里，有这样一位年轻女士，上班时她只是一位普通的“上班族”，下班后她却是一位老板、股东。没有多少人知道她这样的双重身份，她真正实现了弹性化办公，做到了创业、上班两不误。一个合适的创业项目——养生早餐铺，却让她在这两个角色之间游刃有余。

创业人秦歌：“上班族”开起了养生早餐铺

秦歌，30多岁，一位普通的职场人士，职场生涯多年以后，工作激情已渐渐淡去，但事业上并没有太大的起色。她感到有些茫然，很希望在事业上还能有新的刺激和发展，却苦于找不到合适的机会。

就在秦歌感到茫然的时候，机会降临了。秦歌的妈妈有一套临街的房子，有一个邻居想开一家养生早餐铺，看中了她妈妈的房子。由于妈妈的房子面积大、格局好、朝阳，因此非常适合开店。妈妈把这个事情交给她处理，邻居三番五次来找她谈，希望她能够出租房屋。刚开始她并不同意，但经过多次交流之后，她发现邻居的养生早餐很有特色和创意，应该会有发展前途。

于是，秦歌有了一个想法：房子可以给邻居使用，但有个条件，邻居必须同意她以店面入股的方式一起创业。刚听到她的要求时，邻居并不接受，因为这意味着秦歌要分走他的一部分利润，但是后来又觉得可以不用掏租金使用房子，能够减轻资金短缺的压力，于是就同意了。

秦歌把妈妈接到了她家里，然后把妈妈的房子简单装修了一番，营养早餐铺就开业了。

创业模式："租金 + 帮工"合作模式

以店面租金入股，该如何分配利润呢？秦歌和邻居商量，秦歌占 30% 的股份，没有其他资金投入，但每天早上 6 点至 8 点需要在早餐铺帮工两个小时，而且没有工资，每周可以休息一天，春节期间休息 15 天，年底按股份的比例分红。

这样的合作模式对双方都有利，秦歌基本上是零投入，但可以分得 30% 的利润。对邻居来说，租金免了，还多了一个不需要付工资的帮工，成本大大降低，创业成功的可能性大了很多。

虽然早餐铺的利润很微薄，但双方都几乎没有成本压力，经营起来就轻松很多。再加上他们的早餐铺位临街，又是人们上班必须路过的地方，除了附近小区的人来就餐，一些上班族也会来就餐，每天早上的上桌率、打包率都很高，因此一年下来收益还是不错的。

在经营的过程中，秦歌也在摸索更加有创意的经营方式，比如她想规范化管理，像西餐店、快餐店一样按照流程操作，然后渐渐树立品牌，这样方便日后复制成功模式，为以后开连锁店做准备。

创业优势：零投资创业使利润的实现更加可能

对于秦歌来说，这次创业可以说是零投资，她只投入了两个小时的时间，连投入食品材料费都没有。对于她的邻居来说，只需要投入食品材料费，无租金和人工费，这样成本就被降到很低，只要经营上没有大的差错，就一定能够赚到利润。

开店，店租是最大的投入，尤其是像卖早餐这种微利的行业，没了店租和人工费，除去食材的费用，剩下的基本上都是纯利。秦歌当时就是看中了这一点，才下决心和邻居一起开养生早餐铺。对毫无创业经验的她来说，这样的创业模式她很满意。

创业定位：顾客非常喜欢的"营养养生早餐"

开早餐铺是普通得不能再普通的生意，哪个大街小巷没有几家早餐店？所以，如果只是开一家一般的早餐店，可能也有利润，但要想赚得多就不大可能了，因为利润都被同行业的人瓜分了。这一点，秦歌和她的邻居早就想到了。在开店前，他们就想好了要开一家与众不同的早餐铺——"营养养生早餐铺"。他们觉得，现在的中国人吃饱早就不是问题了，他们追求的是吃好，尤其是早餐，所以"营养养生早餐"会更受顾客欢迎，也更容易从与同行的竞争中脱颖而出。

秦歌的早餐铺的早餐种类很多，分 3 个系列：粥、汤和饼，每个系列都不少于 6 种样式，比如粥就有桂圆粟米粥、鸡肉皮蛋粥、血糯红枣粥、阿胶芝麻核桃羹、生姜大枣粥、红豆粥等多种，这些粥是普通的早餐铺没有的。秦歌和邻居按时令节气专门进行配置，而且还经常更换，因为再好吃的东西吃多了也会腻，所以不断给顾客新鲜感非常重要。

主打"营养"牌使秦歌的早餐铺很快与其他的早餐铺区别开来，有营养、种类多、味道好，吸引了众多顾客。再加上是零成本创业，秦歌的早餐铺一开业就很快赚到了利润。创业两年来，她的收入越来越丰厚。现在，她白天上班，晚上早早地休息，早上早早地起床经营早餐铺，日子过得很有规律，精神也充实了很多。她现在是创业、上班两不误，同事们常常开玩笑称她是“办公室角落里的真股东”。

黄铁森：大学生边上学边卖水果也能月入上万元

微信的出现，使得创业者创业更加容易，有人卖花，有人卖菜，而有一位叫黄铁森的大学生却选择了卖水果。为什么他会选择卖水果呢？黄铁森说：“水果的利润大，它的毛利润能够达到总体投资的 30%。”

成本小，利润大，当然是一个好的创业项目。不过，黄铁森的水果主要卖给大学生，他以一个细分群体为目标客户并获得了创业成功。一位普通的大学生在不影响学业的情况下也能够月入上万元，实现了上学、创业两不误的创业梦想。

创业人黄铁森：从为女朋友买水果到向同学们卖水果

黄铁森，一位普通的大学生，他的创业契机来自哪里？和“永生花”店的老板蒋灵一样，他最初的创业灵感缘于自己的女朋友。他的女朋友爱吃水果，他每天都要为女朋友买水果、送水果。他常常看到女生宿舍楼下拎着水果等待女朋友的不只他一个人，这使他萌生了想法：女生一般都爱吃水果，每个女生每个月花在买水果上的钱至少要 50 元，全校有 10 幢女生宿舍楼，每幢大约有 1500 名女生，再加上一些男同学也爱吃水果，这是一个不小的数字，如果在学校卖水果应该大有赚头。

他把自己的想法跟女朋友说了，女朋友说不如咱们自己通过微信卖水果吧，这样同学们也方便买，咱们也能赚钱。俩人的想法不谋而合。于是，在 2014 年 3 月，黄铁森的水果微店开业了，从此，“微商”大军里又多了一位大学生老板。

创业模式：微信卖水果，亲自送货上门

黄铁森卖水果，刚开始经营得并不是很好。一方面是同学们不太信任他，觉得一个大学生在微信平台上卖水果不太靠谱，也不相信他的水果的质量。另一方面，他没有摸索出正确的创业模式，比如说进货。由于他刚开始的进货量少，批发市场的老板都不爱搭理他，也有点欺负他的意思，给他的水果质量并不好，而且老板不允许他每一箱都验货，可想而知，买回来后很多水果都是烂的。但黄铁森老实，并没有去找老板退货或算账，因为那些老板本来就嫌他批发量太少而不愿批发给他，他不想因此把与老板们的关系闹僵了，那以后就没办法做生意了，因此就吃了这个哑巴亏。

黄铁森想，应该让那些老板知道与自己合作也能获取不少的利润，而且是长久性地获取利润，这样他们才愿意与自己合作，自己也才有挑选和讨价还价的权利。毕竟店大欺客，谁让他这个客人实力太小呢。所以，收到了烂水果，黄铁森什么都没有说，照样去老板那里进货。这样一来老板们就有点不好意思，于是不再给他烂水果了。随着他跑的次数越来越多、进货量越来越大，与老板们也熟悉了，他不仅可以挑挑拣拣，还可以议价。

由于批发水果是动态的，随着季节和天气的变化，水果的价格每天都在变，所以他需要货比三家，这样才能进到物美价廉的水果，这是他做好生意的基础。但是，与其他商家不同，黄铁森是送货上门，如果还是像其他水果商一样的方式经营，需要同学们到他那里去买，恐怕他的水果店没有什么竞争优势。所以，他一开始就决定了创业模式：微信卖水果，送货上门，这样那些懒得动的同学只需要待在宿舍里动动手指就可以吃到新鲜可口的水果了。

由于是送货上门，所以比一般的水果零售商多了好几道工序。他要先将批发回来的水果按照订单打包，并按照订单上的不同地点分别装到不同的货箱内，然后再由派送人员去送货。刚开始，黄铁森的水果只是卖给本校的同学们，后来他的客源扩大到其他学校的同学和附近的居民，他一个人根本忙不过来，后来又招了 6 个人，分别负责销售、订单处理、分拣、传送、打包、送货等。现在，光打包的工作台就有 3 个。他这种微信卖水果、亲自送货上门的经营方式初步获得了成功。

创业优势：水果新鲜和送货及时是创业成功的法宝

黄铁森的水果微店与普通的水果网店相比有什么优势呢？其主要优势在物流方面。对同学们来说，普通的水果网店大多不在同城，配送是由其他的物流公司来做，这样就无法保证水果足够新鲜和快递的服务质量，而且顾客不满意退货也很麻烦。但黄铁森的水果是在学校里，比同学们去附近的实体店购买要方便、快捷，比在网上买要新鲜，顾客下单后 10 分钟左右就能送到门口，还可以当面验货，不满意可直接退货。对本校或附近学校的同学们来说，选择黄铁森的水果当然要比选择其他店的水果要好很多。

此外，黄铁森还可以控制物流人员的服务态度。一般的网店做不到这一点，它们无法控制物流服务的质量，物流公司也无法控制商品的质量，消费者不满意更是无法有效投诉，这三者之间产生矛盾时无法很好地解决。

黄铁森自己负责送货就避免了这些问题，这是他成功的法宝。他认为，自己不仅是在做电子商务，同时也是在做物流，把销售和物流结合起来一起做，才能给消费者提供好的服务。现在，他还在摸索更加先进的创业模式和更加规范的物流，他没有停下前进的脚步，他的理想是摸索出一套更加成熟的模式后就退居幕后做“军师”。

创业定位：卖大学生们最喜欢吃的水果

黄铁森的大部分顾客是大学生，他的很多服务措施都是针对大学生制订的，比如专门为考研究生的同学推出“考研套餐”，为情侣们设计“情侣套餐”，为生病的同学推出“营养套餐”，等等。这让同学们感到很新奇——水果还可以这样卖？这种富有创意的销售方法受到了同学们的欢迎，使他们觉得不仅仅是在吃水果，也是在享受有趣味的生活。

为了吸引更多的同学关注他的水果微店，黄铁森经常在朋友圈发一些有趣味的内容。作为一名大学生，他很清楚同学们的喜好和需求，他会根据同学们的喜好和需求做一些相应的推广。同学们的接受度非常高，他的微店口碑也越来越好。

目前，黄铁森的目标并不是很远大，他只想把大学生们服务好就行了。他认为，别看这是一个细分的群体，如果每一位大学生都能成为他的顾客，那也是很了不起的。如果每一位创业者都能把自己的目标客户服务好，让他们都成为自己的长期顾客，就能获得成功。所以，黄铁森的想法是卖大学生们最喜欢吃的水果，让同学们想吃水果的时候就能马上想到他。

李鑫宇：打通“校园快递”的“最后一公里”

快递是我们司空见惯的行业，但“校园快递”却鲜有听说。在互联网购物发达的今天，高校的学生早已经成了网购的主力军之一。可是，如何更快、更好地把快递送到学生手里却是让快递员头痛的事情：学生要上课，不能及时取件；快递员不能随便出入学生宿舍，无法送上门。这造成了学生的快件常常积压在学校门口，而快递员又不得不在门口长时间等待，这给大学生和快递员都带来了不便和烦恼。

解决他人的烦恼有时就会成为一次很好的创业机会。具有创业眼光的一些大学生看到了这个创业良机，“打通校园快递最后一公里”成了他们的创业项目。他们建立起校园物流平台，为学生和快递公司架起一座桥梁，使双方的烦恼消失的同时又获得了可观的收入。如今，“校园快递”已经在全国各地的校园内遍地开花，“打通校园快递最后一公里”成了这些大学生创业者响亮的口号。

创业人李鑫宇：从网购者到快递员

李鑫宇，成都理工大学大三的学生，一个喜欢网购的普通大学生。他和他的同学们经常到校门口取快递，校园很大，从教室或宿舍走到学校门口至少要半个小时，来回就要一个小时。而且很多时候因为上课不能及时取件，快递员等不及就走了，导致他们第二天才能拿到快递。而快递员要送完全校当天所有的快件也要花费很长时间，常常在学校门口焦急等待却又无奈。

这个现象引起了李鑫宇的注意，有什么办法能让同学们和快递员都方便呢？他想，如果有个“校园快递”，专门负责校园内的“最后一公里”，把快递从校门口直接送到同学们手里，同学们不需要取，快递员也不需要等，这样不是两全其美吗？他把自己的想法跟几个同学说了，同学们说这是一个不错的想法，而且听说有的大学已经有人开始这样做了。于是，他就去做了调查，对“校园快递”的创业模式有了更多的了解。然后，他去找快递公司的人商量。

快递公司刚开始并不同意，因为李鑫宇要向他们收取一定的费用，这增加了他们的成本。李鑫宇给他们分析，虽然在某种程度上是增加了一些成本，但他们可以有更多的时间去开展更多的业务，时间就是金钱，在这里增加的一点成本很快就可以被其他的利润所弥补。在李鑫宇和快递公司多次沟通后，快递公司答应与他合作。

虽然快递公司同意了，但还要经过学校同意，因为建立校园物流平台需要场地，在校园内创业也需要得到学校的批准。很幸运，学校非常支持他们，很快批准了他们的计划并为他们找到了合适的场地。就这样，在2013年10月，李鑫宇和师兄胡金磊、黄长春、王露4人共同创办的以代收和代发快递为主要业务的校园物流平台成立了。

创业模式：设在校园里的“免费快递”

在校园物流平台建立之前，李鑫宇就在考虑用什么创业模式。每天快递多达上百件，必须有一个合适的场地。他知道，有的“校园快递”把场地建在宿舍门口，但是由于每天取件的同学很多，而且都在下课时间蜂拥而至，会造成校园秩序混乱，学校不允许；有的“校园快递”是租用学校外面的商铺，但成本很高；还有一些“校园快递”把场地建在学校门口，但学校要收取他们的租金；也有的在别人的小超市里面“蹭”地方，但地方太小快件根本放不下。综合这些情况，李鑫宇的想法是最好学校能免费提供他们场地，即便简陋一些。还好，学校非常支持他们创业，答应了他们的要求，他们可以在学校门口搭建场地，学校不收取任何费用。

场地解决了，该如何收费呢？李鑫宇了解到，有的“校园快递”送快件上门要收取同学们一块钱，这遭到了很多同学的反对，因为同学们认为他们购物时已经支付了快递费用，不能再多支付费用，即便是一块钱。李鑫宇也觉得送件上门本来是快递公司的责任，现在这份责任由他们代替快递公司做到了，这中间的费用应该由快递公司支付。所以，在与快递公司协商后，每件快递他们向快递公司收取 5 角钱，金额虽然很小，但因为他们几乎没有任何成本，再加上快递的数量很大，所以收入还是很可观的。

后来，他们不仅做送快递的业务，也开展了发快递的业务，收件一单 5 角钱，发件 4 元到 5 元不等，光发件每天都能有几百元的收入。因为收发快件方便了，同学们的网购热情也更高了，李鑫宇的物流平台每天处理的快件量越来越多。

快递公司也很满意，以前为了几十个包裹要在学校门口等几个小时，现在只要花几分钟交给李鑫宇他们就行了，而且快件量的增加很快就弥补了付出的微薄成本。现在，已经有多家物流公司与他们合作，李鑫宇的物流平台每天处理的快件量多达 100 多单，每月就有几千单。

还有一项服务是李鑫宇他们当初没有想到的，那就是他们跟周边的餐饮店和商家合作，又增加了校园送餐服务和其他的生活物品配送服务。同学们无论是订餐还是购买任何生活用品，李鑫宇他们都负责送上门，一笔订单向商家收取 1 元的配送费，同学们不用多给钱。这又激起了同学们的订餐和购物热情，商家的订单也增加了，一些商家主动来找他们合作，因此他们的业务范围已经突破了“校园快递”这个范畴，越来越广。

现在，李鑫宇的物流平台每月的营业额有数万元，收入来自于快递公司和学校周围的各类商家。对学生们来说，他们的购物成本没有增加；对于快递公司和商家来说，他们的成本虽然增加了一点点，但他们的利润增加得更多；而对于李鑫宇他们来说，物流平台的收入养活了他们好几个人。

李鑫宇等人抓住了崛起的物流商机，填补了“校园物流最后一公里”无人配送的市场空白，建起了校园生活物流平台，用不断摸索的创业模式“服务到家”，赚取了人生第一桶金。

创业优势：以同学身份获得大家的信任

由于李鑫宇和他团队的成员都是在校大学生，所以他们可以自由出入学生宿舍，把快递及时送到同学们的手里。为了方便出入女生宿舍，李鑫宇后来还发展了女快递员。由于他们是同学关系，所以他们更容易获得同学们的信赖，同学们也愿意把大大小小的事情交给他们办理。同学们对他们的服务很满意，还送给他的团队成员一个暖心的称号——“物流贴心男”或“物流贴心女”。从这个称呼就可以看出来，同学们很喜欢和信任他们，而这种信任是其他快递公司的快递员无法完全得到的。学校领导、老师和同学们的信任为他们的工作赢得了便利和更多的订单，这成为他们创业的优势。

创业定位：搭建快递公司和同学们之间的桥梁

据李鑫宇所知，许多“校园快递”开业不久就关门了，其原因很多，比如因保管不善造成快件损坏或丢失，代收站与快递公司互相扯皮推卸责任，最终导致快递公司不满；还有的仅仅把物流平台当成一个临时存货点，只负责保管，但送货上门要收费，这引起了学生不满。所以，目前“校园快递”虽然出现了爆棚现象，但由于缺乏规范的管理和科学的运营致使许多校园物流平台经营不下去。

这些现象给了李鑫宇很多启示，他从物流平台建立的那天起就做到认真负责，把每一件快递包裹当成自己的，既快又好地送到同学们的手中，同时坚持不收同学们的费用。他的团队虽小，但再小也是公司，也要规范经营，他要做的是打造一流的校园快递服务。其实他们的工作就是搭建快递公司和同学们之间的桥梁，服务好双方，只要双方都满意了，他的公司就有效益。

由于他们的服务很贴心，他们的“物流平台创业项目”摘得第七届成都市青年创业大赛桂冠，还拿到了“中国创业榜样”全国训练营的入学通知书。未来，他们的业务将不限于他们所在的学校，他们希望在成都其他高校发展起 10 ~ 15 个校园生活物流平台，他们的成功模式将复制到其他各个高校。

土拨鼠送菜：大学生居然在微信上卖起了菜

互联网时代，似乎什么都可以通过电子商务来解决，比如买菜。你下班后可以直接回家坐等商家把洗好、切好的菜送到家里，然后马上就可以开始炒菜，再也不用匆匆忙忙赶到菜市场去买菜，然后再匆匆忙忙赶回家里做饭。有了电子商务、微信平台，这一切自有人替您代劳，这就是“微信送菜”。

发明这项服务的是几个大学生，领头人叫“土拨鼠”，听这名字就知道他们是一群勤勤恳恳的人。如今靠“微信送菜”，“土拨鼠”和他的两位同学已经成了名人，不仅网友们对他们非常熟知，就连报纸、电视台也在争相采访他们，新闻中也出现了他们送菜的身影。

创业人杨同舟：大学生要在微信上卖菜

杨同舟，网名“土拨鼠”，安徽工程大学的学生。在时下创业大潮的感染下，他也想创业。与两位同学、室友严景生和焦亮商量后，他们决定在微信上卖菜。在微信上开店不稀奇，但是在微信上卖菜就闻所未闻了。也许有人会问，谁会在微信上买菜，不都是去菜市场买菜吗?

杨同舟认为，时下年轻人的工作越来越忙，人也越来越懒，他们哪有时间和精力去买菜，尤其是很多上班族晚上回到家时已经很晚了，再去买菜、做饭，非常辛苦。不如我们替他们把这些事情做了，不但帮他们把菜买好，还帮他们洗好、切好、配好，然后送上门，他们只需要负责炒一下就行了。

杨同舟和他的伙伴们认为，这绝对是没有人想到的生意，没有竞争者，只要他们能做好，收益一定好。于是，他们向学校申请了场地。学校非常支持他们创业，把大学生创业孵化基地的一间房给他们做办公室，而且还免了 9 个月的租金。

这给了他们更大的信心，他们的“土拨鼠送菜”正式在微信平台上线了。

创业模式：买菜、洗菜、切菜、配菜“一条龙”服务

经营好“送菜服务”，选择菜品非常重要。杨同舟和他的同学们去了好几家蔬菜种植基地，最终固定了几家农户长期合作。他们每天把第二天需要的蔬菜的种类、数量预订好。第二天早上 6 点，农户就会把他们前一天预订的蔬菜送到学校。接着他们先把蔬菜送到加工间存放，然后去上课，中午吃过午饭顾不上休息，就匆匆忙忙赶到加工间处理菜，洗好、切好、配好，再包装好，下午 4 点以后开始送菜，一直能送到晚上八九点钟。

在他们的微信平台上有 70 多种菜品，各种菜都配了图片，顾客只需要在微信上添加它们，然后选择自己喜欢的菜，就可以坐等送菜上门了。

开业后，他们平均每天能接到 80 单左右，周末时能达到 100 多单，一天的营业额在一千六七百元左右。他们原本还忐忑不安，怕大家接受不了这种新颖的方式，但实际上目标客户要比想象中的多。因为电子商务正在渗透到我们生活中，没有什么是不可以在互联网上卖的，只要你的东西好、服务好，微信就是一个免费的推广平台和销售平台。

一个多月以后，“土拨鼠”微信送菜平台每日的营业额已经达到 2000 元左右，“土拨鼠送菜”在微信上也渐渐有了名气，有些人开始联系他们谈合作加盟事宜。接下来杨同舟计划成立实体公司，要正规、规范经营，并会制定详细的加盟细则，让他的“土拨鼠送菜”逐渐发展壮大。

创业优势：“省心”就是最大的吸引力

吃饭是人的刚需，做饭也几乎是人每天必须做的事情，但每天做三顿饭难免让人感到辛苦和厌烦，尤其是对时下的年轻人来说更是如此。他们渴望的是“省心”的生活——很快就能把家务搞定，为此不惜付出一定的金钱。而“土拨鼠送菜”能带给客户的就是省心、省力、省时间，刚好符合了客户的需要。

做过饭的人都知道，炒菜花费不了多少时间，但准备工作比如买菜、洗菜、切菜等花费的时间更长，所以如果有人帮他们把这部分工作做了，的确会省心不少。如果仅仅是在微信平台上卖与菜市场一样没有经过“处理”的菜，那么“土拨鼠送菜”并没有太大的优势，仅仅是换了一种支付方式，仅仅是不需要去买而已，那么消费群体就会少很多。

但是，“土拨鼠送菜”把菜经过“处理”送到客户手中与众不同。“土拨鼠送菜”瞄准了细分的市场，针对一小部分人的实际生活需求和心理需求，为他们提供定制的服务。

其实，创业的机会很多，市场已经越来越细分，谁能看到这个细分的市场，看到消费者的真正需求，谁创业就能成功。

创业定位：为年轻职场白领私人定制的送菜服务

杨同舟说，他现在的客户群体和当初的设想基本一致，他的目标客户群体是二三十岁工作比较忙的白领。首先，这些人生活比较忙碌，他们需要这样的服务；其次，他们的收入较高，愿意买这些经过“处理”的较贵的菜；最后一点是最重要的，他们能够接受这种新颖的消费和购物方式。他的一位忠实顾客一周至少要订购3次，有一次家里宴请客人，一次买了100多元的菜，虽然钱不少，但比去饭店请客要便宜多了，而且做起来也省事很多。

现在的年轻人愿意把时间花费在做家务上的越来越少，他们懂得为事业奋斗，更懂得享受生活，消费能力和消费欲望都比较强。杨同舟就是看准了这一点，才确信“微信送菜”一定有市场。目前，在安徽芜湖一带，这样的生活方式已成为越来越多白领的选择，提到买菜、做菜，他们都会想到“土拨鼠送菜”。

现在，他们的服务已经不是简单的送菜，他们还会根据顾客的具体情况为他们“私人定制”合适的菜。比如，他们会根据顾客的饮食习惯、家庭情况或宴请宾客的不同，为他们配置不同的菜，他们不只是送菜员，同时还是顾客的饮食顾问。因为只是“送菜”门槛很低，很快就会被人模仿甚至超越，必须能给顾客提供全方位、高层次的服务，才能保持优势。

虽然“土拨鼠送菜”起步情况不错，但杨同舟并不是很满意，因为他觉得芜湖只是三线城市，符合目标定位的上班族有限，另外，资金短缺也影响了发展。所以，他下一步要做两方面的事情：一方面是拓宽客源，使年龄层稍大一些的顾客也能接受他们的送菜服务；另一方面是他们要到更大一点的城市去拓展业务，希望能把“微信送菜”发展成区域性的品牌，最终能实现“土拨鼠联产承包地”的梦想，实现完全的“私人定制送菜”。

轻创业
Easy
business

第4章

快闪化生存：可复制、易分享，才有大市场

Easy business

彭晓芸：不靠稿费靠“打赏”的生存实验

在以前，每一位写作者可能都不会想到，有一天不再需要靠稿费生活，而是靠“打赏”生存。在互联网发达、自媒体逐渐崛起的时代，这一切都成了现实。

何为“打赏”？即在网上发布原创文章、图片、视频等，如果阅读者喜欢，就可以通过赏钱的方式来表达对创作者的支持。目前，新浪微博、微信、起点中文网等平台都已开启打赏功能，而很多创作者也已经把这种模式当作一种创业方式和主要的收入来源。

传统的模式是把自己的作品发表到媒介平台，媒介向作者支付稿费，读者向媒介支付阅读费用。而“打赏”打破了这一传统模式，很多媒介消失了，作者把作品发表到自己的自媒体，读者如果喜欢文章，可直接给作者一些打赏。毋庸置疑，这种方式只有在互联网时代才能实现。

通过自媒体，作者可以直接和读者交流，读者也可以直接向作者表达对其作品的好恶，而打赏金额的多少就是读者喜好程度的表现。这是作者获得报酬的一种新形式。目前，许多作者都在进行这样的尝试，彭晓芸是先行者之一。

创业者彭晓芸：做一个思考的分享者

“做一个思考的分享者”一直是彭晓芸的志向。上大学时，她就读于汕头大学中文系，做一名记者、小说家、思想家都曾是她的理想。毕业后，她成为媒体人，先后在南方报业、凤凰网、中央电视台等媒体工作。2014 年，她返回校园深造，成为中山大学哲学系的一名在读博士生。

彭晓芸酷爱分享自己的思想，一直没有中断思考和写作。在读博士期间，彭晓芸对分享的方式有了更多的思考。在媒体工作时，彭晓芸有很多苦恼，就是她的写作必须服从于供职媒体的价值安排，她的报酬只能依赖于供职媒体发放的工资。这就造成两个后果，一是写作上不自由，二是无法直接获得读者的反馈。读博士期间，彭晓芸继续写一些媒体的约稿，这种感受更加深刻。而一些媒体的后付费机制也使彭晓芸觉得收入并不能得到保障。

在这种情况下，彭晓芸觉得如果能直接为读者写作，岂不更符合一个渴望独立表达观点的写作者的价值观？2013 年 2 月 28 日，彭晓芸开通了自己的微信公众号——“芸思享”思想实验室，开始做这样的尝试。她终于可以从读者的评论中直接得到读者对文章的反馈，也可以直接询问读者感兴趣的话题并作为自己下一篇文章的主题。

刚开始，读者阅读她的文章是免费的，直到微博和微信都开启了打赏功能，她才突然意识到这更能检验读者对她的文章认同和共鸣度，有共鸣就付费，没有共鸣可以不付费，既简单又直接，同时自己又获得了报酬。于是，彭晓芸逐渐减少了媒体约稿，不再依赖稿费生活，开始了不靠稿费靠“打赏”的生存实验。

创业模式：被多数小额付费支持的写作者

彭晓芸说，传统的阅读支付方式是先付费后阅读，这就造成了一种后果，即读者如果只是喜欢某本书或杂志的部分内容，也仍然需要支付整本书或杂志的费用，如果读者读完之后发现自己并不喜欢这本书或杂志，也无法退货。但打赏就避免了这种情况，打赏去除了中间媒介，先阅读后付费，不喜欢可以不付费，打赏的金额由读者决定……支付的自由度完全在读者那里，读者永远不需要曾经为某篇文章付费而后悔。不得不说，这是一场支付革命！

既然是革命，就一定存在冒险性。如果读者读完之后都不愿意付款，这种模式还能存在吗？彭晓芸当然会担心。她把自己的微信公众号取名为“芸思享”思想实验室，就是想做一次实验。所幸的是，打赏纷纷而来，许多读者说道：“看到如此有价值的文章，忍不住打赏。”“一语戳中我的心窝，忍不住打赏。”

“忍不住”三个字大概是彭晓芸最想得到的反馈，而打赏只是这种反馈的附属品。打赏的金额有多有少，一篇文章从几元钱到几百元钱不等，而打赏的时间从文章刚刚发布到发布后几个月都会有。也就是说，每一篇文章究竟能得到多少打赏谁也预估不到。

彭晓芸不是唯一的受益者，微博 2014 年第四季度财报显示，4 个多月里有近百万人次进行过打赏，自媒体获得收入近千万元。

读者的每一次打赏都让彭晓芸感到温暖，而每一个打赏的读者也都会得到彭晓芸温暖的回复：“这是一个读写边界日渐消失的时代，我的思考与您的启发密不可分。如果了解小额支付在平衡政治生态与塑造公共媒体方面的作用，或能理解，渴望独立表达观点的人，宁愿被不特定的多数小额支持，也不愿被特定的少数以大额资本买断或限制。”

在彭晓芸发布的每一篇文章最后，她都这样写道：“宁可被多数小额支持，也不要被单个大资本圈养，来做我的投资方吧。”没错，在彭晓芸的这项创业实验中，她是创业者，而读者就是她的投资方。她创业成功或失败，固然与自己的文章质量密不可分，同时也与读者的赏识与否密不可分。而通过“打赏”的方式“获得多数小额支持”，就是彭晓芸“芸思享”实验室的创业模式。

为读者而写，不靠稿费靠打赏，这是一个冒险的实验，但彭晓芸成功了。

创业优势：有价值的分享和打赏模式的自身优势赢得读者支持

靠“打赏”生存是有一定的冒险性，因为打赏者和打赏金额都不确定，有可能一篇文章根本得不到任何打赏。但是，彭晓芸的一篇文章常常打赏者众多。她的优势在哪里?

首先，彭晓芸多年的写作经验为她积累了不少读者，她的微博早已粉丝众多，这些人都追随她来到了她的微信平台，成为潜在打赏者。彭晓芸真正做到了为读者而写，不再盲目跟踪社会热点话题，不迎合、取悦读者，更舍弃了大众趋之若鹜的心灵鸡汤，而是关注教育、伦理、政治、公共事务、个体化与观念变迁、情感与道德、社会热点冷思考、哲学沉思等有社会意义并真正能为读者带来阅读价值的话题，这能给读者分享思想上的“干货”。

此外，中文专业和哲学专业的双重修养及多年媒体从业者的职业历练，使彭晓芸具备了出色的文笔、富有逻辑的思考、独到的见解、深刻的剖析和冷静的思辨能力。这使她的每一篇文章都受到了读者的欢迎，总是让读者忍不住打赏。作为一个创业者，提供好的产品——作品，才能为其创造优势，彭晓芸无疑很好地做到了这一点。

其次，是来自微博和微信打赏商业模式的自身优势。互联网具有传统媒介无法比拟的强大传播性，读者的每一次打赏都会在其微博上自动生成一条分享微博，这对于作者和其作品就是一次再传播。微博和微信平台的庞大用户基数也为打赏模式的成功创造了条件，即便打赏金额很小，但是打赏者众多，这也是彭晓芸所强调的“被多数小额支持”。粉丝经济也是打赏模式能够成功的因素之一，彭晓云的粉丝质量非常高，其黏度也非常高，他们愿意为有价值的阅读内容付费，这是彭晓芸成功的因素之一。

此外，一些互联网文学网站会提取作者的收入分成，而微博和微信平台不提取作者的任何分成，直接将打赏的所有款项打入作者账户，目的是鼓励用户创作出更多高质量的原创内容。这无疑提高了彭晓芸的收入。

彭晓芸自身的创作优势和打赏商业模式的自身优势结合，成为她生存实验成功的双重保障因素。

创业定位：建设“高品质严肃话题”的自媒体品牌

说到“打赏”，人们可能会想到古代的“街头卖艺，路人打赏”，从某种角度来说这两者确实有相似之处，都是展示自己的才华，都是观赏者自愿付费。所不同的是，街头卖艺有被生活所迫之意，而靠“打赏”生存则是一种社会变革，是互联网时代一种新的生存方式。

或许有一部分人靠这种方式创业是被当下的写作环境所迫——当下传统媒体的写作环境并不乐观；也有一部分人是主动选择了这种生存方式，例如彭晓芸，她不只是为金钱而写，更是为自由而写，为读者而写，有时间就写，有想法的时候就写。彭晓芸是一个思想的记录者和分享者，如果你喜欢她的分享，就为她打赏。这确实像街头卖艺者，或者说更像是一场线下“打赏”模式的线上实验。

彭晓芸也说自己像街头卖艺者，但她并不为自己的这种身份而感到羞耻，反而觉得这是一个自由且有尊严的职业，没有供稿和稿费的压力，没有写作内容和形式的限制，读者喜欢就打赏，不喜欢丝毫不勉强，纯粹靠自己的劳动获得报酬。

为了获得真正的自由和尊严，彭晓芸不写软文、拒绝广告，这使她少了很多收入，但这符合她对自己的定位——做一个自由且有尊严的“街头卖艺者”。因为一旦答应做广告，她的写作就难免被“绑架”，而读者也必须被迫阅读广告，这使她的写作和读者的阅读都不再纯粹。既然打赏必须靠粉丝的支持才能生存，那么她就要为她的粉丝负责，真正写粉丝喜欢看的文章，而不是被商业利益驱使。在商业时代，彭晓芸的这种做法在一些人看来有些“清高”，但这不正是她做不靠稿费靠打赏的生存实验的初衷吗？

在粉丝经济和泛娱乐化时代，“打赏”这种模式也存在一些劣势，比如粉丝消费不理智，有一些粉丝更愿意为通俗肤浅的娱乐内容付费，但对严肃、优质的原创内容缺少关注，这难免使一些真正写好内容的作者有些失落。而有些读者戏谑“打赏”二字，使打赏变成一种变相乞讨的方式，打赏的纯洁性被降低。这使一些作者不愿意使用打赏模式，也使一些原本愿意打赏的读者对打赏产生反感和不信任。

面对这种情况，彭晓芸觉得唯一的解决办法就是“加强自媒体的品牌化建设”。她认为建立任何一种商业模式的秩序都需要时间，唯有加强自媒体的品牌化建设，创作出更具自身特色的优质原创内容，让大家一想起彭晓芸就知道她是写高品质严肃话题的作者，同时扩大宣传和营销，赢得更多的铁杆粉丝，这才是出路。

自媒体时代，粉丝是最具商业价值的资产，彭晓芸会用自己的优质品牌赢得他们的支持。

赵川：桑拿中心用微信营销吸引客户光顾

用微信营销的案例我们已经讲过很多，但实际上，同样是微信营销，因为行业不同、产品不同、创业者不同，其方法也不尽相同。微信营销的具体操作方法很多，但要想产生实质的作用就得根据不同行业的特点和具体情况选择合适的方法，并不是所有的微信营销都要遵循同一个模式。

有一家桑拿中心的老板就是用微信营销方法来吸引客户。实际上，他只开发了微信里的一个功能，就找到了大量的潜在客户，并通过这种方式使每个月的收益多了60多万元，这真的是一个令人意想不到的结果。

创业人赵川：紧跟潮流的桑拿中心老板

赵川是一个普通的创业者，在深圳开了一家桑拿中心，规模不小，有50多个技师，可惜生意不怎么好，因为周边的桑拿中心很多，大批客户被分流。

生意不好，老板赵川就琢磨：怎样才能吸引更多的客户来我的桑拿中心消费呢？赵川是个紧跟时代潮流的人，喜欢尝试新事物，喜欢上网。一次偶然的机会，他在网上看到一条关于微信营销的帖子，看完后非常吃惊：微信营销竟然有这么大的效果！他想办法和发帖人取得了联系，向他请教微信营销方面的经验，又通过其他渠道了解了更多关于微信营销的实例，边学习边结合自己的按摩中心琢磨，想出了一条适合自己的微信营销方法。他不知道有没有效果，就抱着试一试的态度，开始用微信寻找自己的客户。

创业模式：用“附近的人”吸引附近的人

用过微信的人都知道，微信有“摇一摇”和“附近的人”这两个功能，运用这两个功能都可以找到附近同样使用微信的朋友。赵川就是用这个功能发展他的新客户的，但是需要做一些准备工作。

赵川为 50 个技师买了 50 部智能手机，在每一部手机中都下载了微信，并培训每一位技师都能够熟练地使用微信。每一个技师首先要起一个极具特色的网名，并把微信头像设置成时尚流行的图片，在“个性签名”一栏也要填上有诗意的句子或流行语，并且注明“se qing 勿扰”，在朋友圈发布的内容也必须是一些流行、新潮的图片或段子。总之，就是要吸引人，让人一看到就有兴趣打开朋友圈查看，并且把朋友圈的权限设置成“允许陌生人查看 10 张照片”的模式。

做好了准备工作，就可以去“吸引”顾客了。技师们拿着“装备”好的手机到周边的写字楼、居民区和公园来回走动，然后通过微信里“附近的人”这个功能不断查看附近的人，然后他们就会收到不少陌生人的搭讪消息及添加好友的信息，添加他们，就会成为朋友圈里的好友。一个技师一天差不多能收到 30 条这样的信息，一个月就能收到 1000 多条，那么 50 个技师一个月就能收到 5 万多条信息。也就是说，50 个技师一个月总共会增加 5 万多个微信好友。

但这只是普通好友，离潜在客户还远着呢！不过，赵川并不急于向他们推销业务，而是让技师们先稳住，先和他们交朋友，在聊天中有意无意地透露自己的职业和工作地点，如果他们问就据实相告，接下来要做的就是顺其自然。在这个过程中，技师们可以在自己的朋友圈偶尔发一些自己工作的内容，强化朋友圈的朋友们对自己职业的信任和了解。这样在一段时间以后，一定会有人主动向技师们询问按摩中心的消费情况并成为按摩中心的顾客，虽然比例不高，但是因为基数大，人数也不少。赵川计算过，通过这种方式成为桑拿中心顾客的比例是6%，6%乘以5万就是3000，也就是说，桑拿中心通过这种方式每个月可以招揽到3000位顾客，这是个不小的数字。每个人的平均消费是168元，乘以3000，每月的营业额超过了50万元！

通过一个简单的微信搜寻“附近的人”，赵川的桑拿中心每个月竟然有了50多万元的营业额。微信营销让他的桑拿中心生意红火起来了，而方式竟然是如此简单。

创业优势："不着痕迹"的微信营销

赵川的成功当然是因为他使用了微信营销，并且是“不着痕迹”。由于微信的私密性，每一位被技师添加为好友的陌生人都以为这是偶然，并不知道这是技师的营销行为，也不知道技师同时添加了上千个好友，而他只是其中一个。同时，由于技师的营销手法是慢慢渗透、不着痕迹，所以每一位顾客并没有感觉到自己是“被营销”的，都认为自己是主动上门消费。这是微信营销的厉害之处。传统的营销方式达不到这样的效果，比如电话营销、短信营销、传单营销、上门推销、会议营销等，无论是哪一种多多少少都会引起人们的反感，比如短信营销就常常被人们认为是垃圾短信，那么这样的营销方式效果可想而知。

微信营销比传统的营销方式的优势就在于：微信营销是顺其自然的营销，让人容易接受；而传统的营销方式是硬性营销，让人排斥。赵川非常聪明，他把微信营销的优势发挥得非常到位，他没有像其他人那样在朋友圈不停地发广告，甚至把广告发到某个朋友的对话框里，这样和上门推销没什么区别，同样会引起别人反感，结果不是屏蔽你就是拉黑你。所以，他让技师慢慢来，就算发广告也是偶尔为之，因为每个人都希望自己朋友圈的朋友是真正的朋友，而不是推销者；每个人都希望自己是心甘情愿去消费，而不是被绑架消费。可见，赵川非常懂得顾客的心理，也因此把微信营销的优势发挥得恰到好处。

创业定位：让技师同时成为客服人员和顾客的朋友

在实施微信营销的过程中，技师的角色定位非常重要。一般的按摩中心，技师就是技师，营销人员可能另有他人。但是，在赵川的店里，技师同时成了营销人员和客服人员，由他们来解答顾客的问题会比一般的业务员更为准确，因为他们才是直接提供按摩服务的人，顾客对他们更加信任。

同时，在朋友圈里，技师又是顾客的朋友，他们以朋友的身份同朋友圈里的朋友进行正常的交往和交流，当有朋友询问桑拿中心的服务和价格时，会把他们当成朋友去询问，而不是当成一名营销人员去咨询，这给顾客的感觉是不同的：朋友我会信任他，如果是营销人员可能我会担心是否会被他“忽悠”。面对前者，客户的心态是轻松的；而面对后者，客户就得时刻提防他。

所以，当赵川把每一位技师都定位于客服人员兼朋友这样的角色时，他的营销策略就成功了一半，这可能是很多创业者都想不到的方式。

时代瞬息万变，我们的经营方式、创业定位也得不断改变，没有固定的创业模式，敢于打破传统模式，运用新的科技媒介创造新的创业机会，而且这种机会是低成本甚至是无成本的，这才是轻创业。找到了适合自己的模式，你就会得到快速成长的机会。

蓝小姐和黄小姐：最会写明星故事的公众号

“蓝小姐和黄小姐”——这是由两位从时尚媒体圈里摸爬滚打出来的写作达人创办的公众号，在短短两年内便跃进新媒体排行榜前 50 名。作为一个只靠两人之力、无团队操作的个人微信公众号，取得这样的成绩实属不易。

提到“蓝小姐和黄小姐”公众号，人们对它印象最深刻的是，这是一个写尽明星人生百态的公众号，但是它又不像那些只会揭露明星隐私或编撰虚假新闻博取噱头的娱乐八卦和各种营销号，它是在用极其严肃、认真的态度来写明星的人生百态。虽然她们这样描述自己：黄小姐很毒药，蓝小姐很毒舌……但她们的内心极其温柔，就像著名作家韩松落说的那样——“她们有一种对参与了自己生活的人的宽厚，不知不觉的宽厚，无所不在的眷顾。”或许因此，她们吸引了众多的粉丝。

创业人蓝小姐和黄小姐：两位最会写明星的女士

“蓝小姐和黄小姐”公众号，当然是由蓝小姐和黄小姐创办的。蓝小姐姓蓝，她很神秘，至今很多人都不知道她的真实姓名，大家只知道她是“80 后”，武汉人，在武汉读大学，到广州拼事业，做过时尚杂志编辑，也做过言情类杂志的时尚编辑，还做过文化公司的副总，总之，时尚圈她并不陌生，媒体圈她更是熟悉。

“黄小姐”指的是黄佟佟，湖南湘潭人，在广州时尚杂志圈混迹多年，采访过的娱乐明星不计其数，后转型为专栏作家，出版过多本畅销书，被誉为“最懂女人的女性作家”。

蓝小姐和黄小姐本是朋友，但在创办公众号之前事业上并无交集，各自在自己的领域干得风生水起——你开你的文化公司，我写我的专栏，一起创办公众号的缘由主要和蓝小姐的家庭变故有关。在蓝小姐 29 岁那年，家里出了一些变故，被迫卖掉了广告公司，她失业了，偏偏这时，她的一位好朋友又突然去世，蓝小姐的生活一下子陷入低谷。为了重新找到生活的动力，蓝小姐对黄小姐说：“我们一起做个公众号吧。”作为朋友，于公于私黄小姐都得帮蓝小姐一把。于是，2014 年 1 月 4 日，“蓝小姐和黄小姐”公众号正式建立了。

创业模式：以内容赢得关注，以广告获得收益

微信公众号的创业模式其实很简单，就是以内容赢得关注，以打赏和广告获得收益。作为一个以内容为卖点的新媒体，内容当然是王道，经营好内容基本上就成功了。内容的来源有两个途径，一是转载别人的文章，二是原创文章。蓝小姐和黄小姐都做过多年的时尚杂志的编辑、记者，黄小姐更是大名鼎鼎的作家，两个人都有出色的文笔，当然能给读者提供优秀的原创内容，以内容赢得关注。况且黄小姐本身就是出版过多本畅销书的作家，早就有一大堆读者、粉丝，因此，公众号的订阅量很快就上去了。

有了粉丝关注，就会引起很多企业关注，找蓝小姐和黄小姐做广告的企业立即就找上门来。与彭晓芸拒绝广告不同，蓝小姐和黄小姐欢迎广告，在她们的每篇文章后面几乎都有广告植入。不过，她们植入的广告一点儿都不讨人嫌，因为“太会写”的蓝小姐和黄小姐不仅文章写得好，广告做得也是不落痕迹，与文章内容衔接得天衣无缝。

看蓝小姐和黄小姐的文章，欣赏到的不仅是一篇篇优质的美文，还有一则则优美的广告。有个别读者质疑蓝小姐和黄小姐的文章植入广告过多，但更多的读者却回击他们：“有了广告难道就不是好文章了吗？那些电影、电视剧哪个没赞助商？能接受影视剧做广告为什么不能接受公众号做广告？作者也要靠公众号养家糊口，文章写得好不就行了嘛！”

的确，有越来越多的读者可以接受写文章的人接广告，读者认为文化并不因为和商业嫁接而失去文化的严肃认真。因为蓝小姐和黄小姐的文章写得好，广告做得也好，通过她们的微信公众号上的链接购买商家产品的读者越来越多。由于读者非常信任蓝小姐和黄小姐，因此也信任她们推荐的产品。“蓝小姐和黄小姐”成了广告商们最青睐的公众号之一，她们的收入自然也猛增。

创业优势：最会写明星故事的公众号

毫不夸张地说，“蓝小姐和黄小姐”是最会写明星故事的公众号。这是由两个人的职业背景决定的：她们都曾经是时尚杂志媒体人，都曾经接触过无数的时尚名人和娱乐明星，她们很懂时尚、娱乐和明星。

但是，这还不是她们最大的优势，她们最大的优势就是能写好文章。很多娱乐八卦公众号也很懂明星，可惜它们大多只会传播小道消息和八卦新闻。蓝小姐和黄小姐都有一支厉害的“笔杆子”，她们在文章里尽情评说明星事，或温情、犀利，或痛快、明澈，酣畅淋漓地描写明星的人生百态，充满情感又不失理智；她们不仅仅是在写明星，同时也在文章里投射自己的欲望，表达自己的关怀，与明星和读者一起成长；虽然是写娱乐明星，但她们的文章一点都不肤浅，连不加水分的心灵鸡汤都不写，这才是她们的文章最吸引读者的地方。能看到这样有价值、有深度的文章，读者就是看看广告又何妨呢？

她们还有一个更大的优势，就是写出来的文章真实可信。很多写明星的娱乐八卦的公众号，都是根据网传的半真半假的新闻编造明星的生活，写这些文章的作者或许对明星的生活一无所知。但蓝小姐和黄小姐不同，由于工作的缘故她们经常采访艺人，能拿到第一手的明星资料，因此她们写出来的文章自然真实可信。而且蓝小姐和黄小姐的创作速度很快，往往明星的新闻刚出来，她们的文章便写出来了。这也增加了她们公众号的关注度。

在泛娱乐时代，关注明星的生活是非常吸引大众的话题之一。而她们又能写出如此有深度、有营养的“明星文”，怎么不吸引人呢？

创业定位：明星公众号中的一股清流

近年，明星们的生活已经被众多真真假假的八卦新闻“污化”或“雾化”了。他们的生活真的如我们看到的那些新闻里描写的那样乱七八糟吗？真实的明星生活是什么？那些八卦资讯回答不了我们的这些疑问。长期看这些明星八卦资讯的读者，还会对明星有好感吗？自己的心灵又能受到良好的滋养吗？恐怕都不能。

“蓝小姐和黄小姐”当然不会与这样的公众号“同流合污”，它就像媒体圈中的一股清流。作为有社会责任感的写作者，蓝小姐和黄小姐当然要带给读者纯净、有内涵的“明星文”，她们是这样想的，也是这样做的。蓝小姐和黄小姐写的每篇文章都会尽力挖掘每一位明星身上有时代价值、可引起读者思考的点，她们不追捧明星，也不贬低明星，尽量还原明星们的真实生活，希望对读者的人生有所启示。所以，许多读者说，读蓝小姐和黄小姐的文章，犹如感受到了一股清流，既获得了人生经验，又享受了文字盛宴。

为了让读者能感受到这股清流，为了对得起每一位读者和每一个广告客户，蓝小姐和黄小姐会非常认真地对待每一篇文章。

王江涛：以自媒体宣传地方特色文化的创业者

在订阅微信公众号时，用户选择的标准是什么？标准主要有两个，一是个人的喜好，二是是否有特色。微信公众号经营者如果做不到这两点，则很难从众多的公众号中脱颖而出。因为用户的选择实在太多了，没有足够的吸引力，会很快被读者抛弃。

在西安，有一位叫王江涛的年轻人，他的公众号很好地满足了这两点。他立足西安，以西安地方特色文化为宣传点，吸引了众多粉丝。在经营微信公众号后短短的近一年时间里，他从买不起房、买不起车的“草根”，成为月收入数万元的创业成功者。

创业人王江涛：要做一只“站在风口上的猪”

王江涛，30多岁，陕西户县秦镇人，生于农村，大学毕业后留在西安从事广告行业。2013年6月，出于好玩，也为了多一个为广告客户宣传的渠道，他注册了一个微信公众号。之后，王江涛对工作有些不满意，上司刁难，事业上无起色，他感到前途黯淡。这时，他看到了互联网领域的红火，尤其是深受小米CEO雷军的那句话“只要站在风口上，猪也能飞起来”的鼓舞，于是辞职加入互联网创业大军，开始专心运营自己的微信公众号。

创业模式：以本土文化赢得关注，以“广点通”业务获得收益

和众多的微信公众号一样，王江涛的公众号也是以内容获得粉丝关注，然后引来商家的广告投入。刚开始，他的公众号并没有什么人关注，只有注册时“东拼西凑”的500个粉丝，之后粉丝一直没有明显增加。一直到公众号注册半年后，王江涛突然发现粉丝多了起来，到了

2013 年 12 月，他的公众号有了 4500 多个粉丝。第二年 3 月，粉丝增长速度更快了，每天有数百人订阅他的公众号。他知道这是因为微信平台火起来了，他预感到公众号将会带来巨大收益，于是决定认真经营公众号。

刚开始，王江涛的公众号主打西安热点新闻和评论，但无人问津。于是，他改变了推送内容，主要推送本地小吃和美女以及本土文化，内容多以轻松、搞笑的生活类文章为主。果然，这类内容更受欢迎，阅读量和转发量都上去了，最辉煌的时候一篇文章达到 10 万人阅读，甚至有在一天内增加了 1700 多名粉丝的纪录。

就这样经营了一段时间，王江涛的公众号有了好几万粉丝，但是他还是没有任何收入。2014 年 9 月，腾讯官方推出了“广点通”业务：腾讯在公众号下面投放广告，与公众号拥有者分成，广告若被用户点击，一次可有 0.5 元至 2 元钱不等的提成收入。微信公众号粉丝超过 5 万人就可以申请这项业务。王江涛意识到，赚钱的机会来了，他申请了这项业务，开始了用公众号赚钱的创业路。

王江涛也发过一些商家的软文广告，但效果不好。“广点通”业务效果却非常好，他的收入以成倍的速度增加，2014 年 9 月，收益 2.1 万元；10 月，收益 3.7 万元；11 月收益 8 万元；12 月，收益 16 万元……他的微信公众号真的成了一台“印钞机”。

创业优势：微信平台的顺风车 + 对本土文化的了解

王江涛创业之所以成功，首先要得益于微信平台，是红火的微信平台给了他创业的机会和创业成功的可能。2014 年 11 月，王江涛的公众号几乎没怎么打理，粉丝却突然增加，这是红火的微信平台给用户带来的福利。这个时候，如果顺势而为搭上这列“顺风车”，赚钱就成为可能。所幸，王江涛抓住了这个机会，立刻加入了微信创业大军的行列。创业就是要顺势而为，这样才会使成功的机会大大增加。

但是，有好的平台，还得懂经营。王江涛的优势是广告业的从业背景使他对营销并不陌生，对经营“内容”有一些办法。作为本土人，他对西安的本土文化很了解，能够摸索出读者的心理和阅读口味，知道从哪些方面入手，定位、调整自己的公众号的内容。在一段时间内，王江涛每天都要在网上搜索100篇左右反映西安本土文化的文章，经过挑选和二次加工润色后上传到自己的公众号上。如果他对本土文化不了解，没有一定的“加工”文章的能力，那么他的公众号也难以受到粉丝的欢迎。

当时代给我们提供了机会后，我们就要抓住这个机会尽情施展自己的才能“起舞”——王江涛搭上了时代的“顺风车”，也发挥了自己的优势，因此，他的创业获得了成功。

创业定位：打造“推广西安本土文化和特色餐饮”公众号

微信公众号很多，如果每个公众号的内容都雷同或者毫无特色，读者可能就没有兴趣订阅。所以，微信公众号要想让读者喜欢、订阅，并长期“抓住”用户，必定得有自己的特色并能够满足用户的某种需求。

一开始王江涛并没有意识到这一点，他主要推送的是西安的热点新闻和评论，他认为这些新闻应该每个人都喜欢看，但没想到没有几个人感兴趣。后来他意识到，如果大家想看较为严肃的新闻，大概不会关注他这个本地的个人公众号，他们会去看电视或门户网站，或者是去看更加资深、有权威性的媒体公众号。于是，他决定调整推送的内容。

经过研究，王江涛发现有两类资讯比较受欢迎，一类是本地的特色小吃和美女，另一类是西安本土文化，比如乡音、秦腔、陕西话搞怪视频等。这类内容更具地方特色，也更适合现在的上班族倾向于浏览轻松、幽默的生活类信息的心理需求，同时也更加适合他的公众号的发展。于是，他开始主要推送这类内容。试验了一段时间之后，效果确实很好，文章点击率和分享者多了起来，粉丝的增加速度也越来越快。王江涛感觉到，这次他的定位准确了。

现在，王江涛的微信公众号已经有 10 多万粉丝了。未来，他会一直在致力于打造“推广西安本土文化尤其是特色餐饮”类公众号的道路上不断努力！

糯米酒先生：文艺青年通过微信营销创富

糯米酒先生是一家通过微信公众号营销和宣传崛起的微商。在不到一年的时间里，他就拥有了 3 万多名粉丝，月销售额超过 5 万元，并积累了很多微信营销的实战经验。他的实战经验堪称一本微信营销教科书，成了移动互联网上热传的“草根”微信营销创富的榜样。如今，他不仅把自己的微信公众号经营得红红火火，而且开始发展加盟商，教他人创业和赚钱，而媒体约访、业界交流、大学讲课更是让他应接不暇。

创业人张湘隆：从文艺青年到“糯米酒先生”

糯米酒先生，本名张湘隆，厦门客家人，因为卖糯米酒，所以自称“糯米酒先生”，其微信公众号叫“客家土楼糯米酒”。最初他的主业并不是卖糯米酒，而是厦门土芭芭农业科技有限公司的运营总监，卖糯米酒只是他的副业。

2013 年 8 月，糯米酒先生申请了微信公众号。刚开始他没想过卖糯米酒，只是把微信当作一个笔记本，用来分享生活中的点点滴滴。那时候他更像是一名文艺青年，一点都不像商人。偶然的一次机会，他和朋友圈里的一位朋友聊天，聊到了他们家乡的糯米酒，朋友很感兴趣，向他求购糯米酒，并通过微信付了款。这启发了他：原来微信上还可以卖酒啊。于是他萌发了通过微信公众号卖酒的念头。

在下决心做这项事业之前，他也犯难过，是在微信上卖酒还是在微博上卖酒呢？经过分析，他认识到：虽然微博发展粉丝更容易，但发一条信息很容易石沉大海，它的宣传效果更像是散弹打鸟，精准性不强。而在微信上交流是“一对一”的，营销的针对性更强，而且微信的粉丝没有水分，每一个都是目标客户，所以粉丝的质量更高。经过对比之后，糯米酒先生决定通过微信卖酒。

创业模式：线上、线下多种方式、多管齐下

很明显，糯米酒不是大众酒，也不是低价酒。最初，糯米酒先生只卖客家月子酒，这就决定了这种糯米酒的市场是小众的新兴市场。所以，找对客户很重要。为了找到目标客户，发展到有价值的粉丝，糯米酒先生使用了多种发展粉丝和营销的手段。

第一，现场“拉粉”。糯米酒先生的糯米酒是纯手工制作的，定价60元一斤，而当时市场上大部分糯米酒只卖二三十元一斤，这种高端的定位决定了只能到高端的地方拉粉丝。糯米酒先生和他的伙伴们来到高端的厨柜和酒类企业门前拉粉丝，在近半年的时间里每天蹲在那里，看到有可能成为他们客户的人就迎上去递名片，名片上印着他们店铺的二维码。

第二，免费赠送。已经关注糯米酒先生微信公众号的粉丝，糯米酒先生会给他们邮寄一瓶糯米酒请他们试喝，当然是免费的。这样做的目的其实就是笼络人心，增加顾客对他们的认同感和信任感，更重要的是推广他们的糯米酒。但无功不受禄，免费品尝了别人的酒总得有所回报吧！于是这些粉丝就会帮他们推广，当然也因此而成为他们真正的客户。

经过反复尝试这两种手段，“客家土楼糯米酒”公众号终于有了 400 多个粉丝。有了这些粉丝做基础，就可以采用广而告之、口口相传的方式获得粉丝的量变了。糯米酒先生终于结束了蹲点“拉粉”和免费赠送这种高成本的获得粉丝的方式。

第三，推广微信公众号。糯米酒先生采用的是这几种方式：当线下有顾客购买糯米酒时，就邀请对方关注自己的微信号；用折扣、抽奖、线下体验等方式吸引顾客，把公众号、二维码接口放在糯米酒的标签上，方便顾客扫码关注，从“附近的人”中筛选出目标客户，加为好友之后邀请对方关注自己的公众号。

第四，文化营销。通过以上三种方式，糯米酒先生公众号的粉丝足够多后，就要对公众号的内容进行运营了，这也是长期留住粉丝的最主要方式。糯米酒先生没有采用硬性推销的方式，而是向粉丝推送有关酒文化和酿造糯米酒的一些文章，包括如何喝糯米酒、糯米酒有哪些保健作用等。他不但与粉丝们聊酒，还与粉丝聊家长里短，这样做都是为了增加粉丝的黏性。

第五，线下活动。为了让顾客更了解糯米酒、认同糯米酒文化，糯米酒先生还会不定期地组织一些线下活动，比如号召粉丝到糯米酒酿酒基地参观。当体验过客家酒文化、身临其境地感受过传统而古老的酿造工艺后，粉丝对品尝糯米酒就更有欲望了，往往会在活动结束后购买一些糯米酒回去。这种线下活动既增加了粉丝，又增加了销量，可谓是非常有效果的营销。

通过多管齐下的营销，糯米酒先生的公众号粉丝很快就达到了 3 万人左右，月销售额也超过了 5 万元，他的微信公众号经营得非常成功。

创业优势："纯手工酿造"吸引众多顾客

糯米酒先生的糯米酒最大的特点是纯手工酿造，这也是它的卖点。当时，糯米酒先生之所以想卖糯米酒，就是因为这种酒是他们家族世代传承的，是采用传统纯手工工艺酿造而成的客家土楼糯米酒。手工酿酒有哪些好处？首先，无防腐剂，保持了酒的纯度和醇度。其次，纯手工酿造制作周期长，月子酒的酿造周期是 3 ~ 5 个月，这不仅保证了酒的品质更高，也使得这种酒无法大规模批量生产，从而无法保证更多的顾客品尝到这种"稀有"的酒。

如今的消费者很重视健康，追求天然、环保。糯米酒先生的糯米酒就符合了人们的这种需求，健康、精致、稀有，这对顾客有很大的吸引力。

糯米酒先生熟识众多营销方法，这当然是他的优势之一，但是再好的营销方法都要建立在足够好的产品之上。营销方法可以被模仿、超越，但"家族世代传承，纯手工酿造"这个独一无二的特点却是任何人无法复制的。

创业定位：打造"中国的威士忌"

糯米酒先生的客家土楼糯米酒因其品质好，受到了客户的认同，客户给他的酒送了一个雅称——"中国的威士忌"。糯米酒先生对这个称号非常满意，因为做"中国的威士忌"正是他对自己的糯米酒的定位。

威士忌因其品质高在英国被称为"生命之水"，而糯米酒先生想要打造的也是这样一款高品质、独一无二、适合中高层客户消费的糯米酒。他的糯米酒和英国的威士忌有很多相似之处，比如都足够健康、天然和环保，发酵的时间都很长，制作工艺都比较复杂，历史都很悠久，价格相对都比较高……糯米酒先生希望他的糯米酒也能成为中国人的“生命之水”。

为了对得起“中国的威士忌”这个称号，糯米酒先生坚持自己的客家土楼糯米酒不打折、不优惠，而且要得多、要得急还没有。糯米酒先生绝不会为了多赚钱而缩短工期、降低糯米酒的品质，他要让自己的糯米酒和那些低端廉价的糯米酒完全区隔开来，以高端的定位赢得中高层客户的青睐。

李贤良："网管哥"摇身一变成 YY 直播明星

说到“直播”，很多人也许认为那是专业播音员才能胜任的工作，普通人没有受过训练，也没有人给他们提供平台，怎么可能去直播。但是，时代的发展总是颠覆着我们的传统思维，随着众多直播平台的诞生，普通人也可以圆“主播”梦，众多的直播红人渐渐进入大众的视野。人们突然意识到：原来普通人也可以成为“主播”，用自己的魅力赢得粉丝们的关注和喜欢。

在这些主播中，有一个普通得不能再普通的人——李贤良，他不但成了“主播”，还成了直播界的明星。提起他的名字，直播界无人不知，无人不晓。他也通过做“主播”实现了人生质的飞跃。但是，在多年前，这位直播红人还不过是一位“网管员”。

创业人李贤良：一个“网管哥”的“主播”梦

李贤良，河北人，“90后”，文化程度不高，初中都没毕业。他一直认为，学历不高自然无法像其他人那样走“正常”路，所以很早就踏入社会，一路漂泊，最后终于在云南找到了落脚之地——成为一名网管员。

工作的便利让李贤良有很多机会接触互联网。2009年，一个偶然的机会，他接触到了YY语音，那时直播还没有火起来，做直播的人还很少。他看到，在一个虚拟的平台上竟然有人在做“主播”，一会儿唱歌、一会儿主持、一会儿说段子、一会儿吐槽、一会儿表演节目等。他觉得这个主播太有意思了，一个人可以做这么多的事情，而且还有众多的粉丝喜欢他们，最重要的是他们还能挣到不少钱。这让他感到很羡慕：如果我也可以像他们那样，那该多好呀。

李贤良开始利用工作的便利学习“主播”们表演的技巧。但是，由于他的基础太差，所以学起来非常困难。他五音不全，唱歌不是他的强项。于是，他把目光锁定在聊天上。然而，通过吐槽把观众逗乐也不容易。他认真地学习如何“抖包袱”，花了很长时间才摸透了“抖包袱”的规律，自己练了无数次。后来，他鼓起勇气开通了一个小直播频道，开始尝试做直播。

创业模式：互联网时代的粉丝小额打赏

虽然“直播”是近几年才在互联网领域火起来的行业，但在几年前，它已经在互联网上悄然出现，比如“YY直播”。李贤良就是较早的“互联网主播”。但是互联网主播们怎么赚钱，通过直播创业的模式是什么，当时大部分人都不甚了解。

其实，互联网主播们的收入主要来自三个方面：第一，工资提成。成为某个直播平台的主播后，享受直播平台的工资待遇，通常有固定工资和提成组成；第二，用名气赚钱。主播有了自己的粉丝和名气后，可以利用自己的名气做咨询、培训、上节目等；第三，广告赚钱。有了名气和粉丝，自然有广告商找上门来，主播与商家合作，接广告、做宣传赚取广告费。

但是在刚开始，主播一定是通过粉丝赚钱的。比如粉丝们觉得这个主播表现得不错，就会给他“打赏”——充值人民币购买直播平台的小道具例如鲜花、游艇送给主播，直播平台就会根据这个主播收到的打赏金额的多少给主播发工资或提成。所以，主播们要做的就是尽其所能吸引粉丝，没有粉丝的喜欢和打赏，一切免谈。

李贤良当然也经历过这个阶段。刚开始他没有多少吸引人的话题，没有自己的风格，只是模仿别人，导致他的直播无法吸引更多的人。为了改变这种状况，他每天要看很多新闻和资料，寻找有意思的话题。为了塑造自己的风格，他每天研究到深夜，将近一年的时间都是夜里 4 点多钟才睡觉，每天花费在直播上的时间超过 12 个小时。通过努力，李贤良的粉丝从无到有，从少到多，他开始有了一些人气，也渐渐形成了自己的风格——风趣幽默、敢于抨击和直言。当他看到鲜花、轮船在屏幕上不断飞舞的时候，他意识到自己成功了！

2010 年，在直播界努力了一年多的李贤良终于获得了业界的认可：“世界杯官方频道解说员”“聊吧第一男主持”“98 官方频道表演嘉宾”……众多的荣誉接踵而至。2011 年 10 月 11 日，“YY 直播”邀请李贤良参加“YY 直播互联网年度盛典”，李贤良得到了和互联网红人“九局”同台表演的机会。这次表演非常成功，使他的名气一飞冲天。

之后，李贤良走出了互联网直播创业模式的第一阶段——靠粉丝打赏赚钱，而进入第二阶段——靠名气赚钱。各种娱乐互联网游戏公会、官方大型活动都邀请他出席。他还成为“YY7752”的首席主播，正式签约 YY。接着，李贤良正式加入 YY 娱乐最大的公会——皇族传媒集团。至此，他的创业生涯达到了高峰。

自从有了互联网这个大平台，创业的门槛都被降低了，生存模式也被改变了。例如，不需要再开实体店，网店照样可以赚钱；不需要第三方媒介发表自己的文章，在自己的自媒体上就可以发表；不需要到电视上做主播，在互联网直播平台上照样可以实现做主播的梦想。但是，在互联网上，无论是哪一种创业形式，都离不开粉丝的支持，大部分的盈利来自粉丝，没有粉丝的支持，这个平台可能很快就会消失。所以，直播的盈利模式其实就是互联网时代的粉丝小额打赏。

创业优势："YY 直播"平台自身的优势是李贤良成功的助推器

一位初中都没有毕业的"网管哥"变成了直播界的明星，这在过去是不能想象的，毕竟在现实中，从"草根"晋升为明星的只有为数不多的几个人。但是，随着互联网的发展，这类"草根"明星不再稀有，各种"网红"越来越多。互联网降低了"草根"们创业的门槛，给普通人提供了施展才能的舞台，缩短了他们由"草根"到明星的距离。

李贤良无疑是在这样的时代背景下成为"明星"的，如果没有类似"YY 直播"这样的平台，李贤良可能还是一个"网管哥"，他可能通过其他的途径创业，但一定不可能成为直播明星。所以，与其说李贤良的创业优势是他的才华和努力，不如说是"YY 直播"这个互联网创业平台自身的优势带给了他机会。这个优势就是它给你平台和机会，给你成功的可能性，帮你造势，你所投入的就是自己的努力，只要能够挖掘出自身的优势，就可以成功。在这样的情况下，无数像李贤良一样的草根都成功了，他们也许未必会像李贤良那样成为业界明星，但至少解决了自己的生存问题。

一个人的成功通常来自于两方面，一是个人的努力，二是环境给他提供的机会。对于李贤良来说，虽然他在做直播方面并没有过人的优势，但是他利用了一个好的平台，找到了一棵“大树”，那么他就找到了一条稳妥的创业之路。

创业定位：幽默犀利的生活吐槽者

虽然进入直播平台没有太高的门槛，很多人都可以成为“主播”，但成为赚钱的“主播”却很难，毕竟这是一个靠“内容”取胜的平台，没有好的、独具特色的直播内容，靠什么吸引粉丝？在这个平台上，直播什么内容的都有，有唱歌的、有吐槽的、有打游戏的、有做饭的，竟然还有直播吃饭的，当然也有直播内容比较严肃的。总之，无论你直播什么，总要找到看点和自己独特的风格，否则你就会很快被粉丝嫌弃，并在一波接一波的主播大军中被淹没。

这当然是李贤良做直播时最担心的事情，所以他每天研究、苦思冥想的就是找到自己的风格和特色。他不会唱歌，不擅长打游戏、做饭，更是讲不了知识性话题，那么就只有一条路可走——用粉丝们喜欢的方式，聊粉丝们感兴趣的话题，聊出自己的风格和特色。通过长期摸索，李贤良终于找到了自己的风格，那就是风趣幽默的谈吐、敢于抨击和直言的态度，以及充满生活趣味的话题，主要基调就是轻松幽默。事实证明，这种风格也成为现在大多数主播的风格，可见它是大多数粉丝喜欢的。找到了自己的风格，接下来就是把它发挥到极致，即便有同类风格，但如果你是佼佼者，也能脱颖而出。最终，李贤良凭借这种直播风格成为直播界的明星。

轻创业

Easy business

第5章

单点突击：甩掉负重，攻其一点，实现精准创业

Easy business

车库咖啡：专注于为创业者提供创业服务平台

有谁能想到用一杯咖啡的代价就可以免费享用办公区域和无线互联网，可以低价使用打印机和扫描仪，还能免费使用几十种移动测试设备以及远程测试？但是，这样的愿望却在位于北京中关村的“车库咖啡”实现了。

提起车库咖啡，人们脑海中一定会浮现出很多景象：这是一个喝咖啡的地方；这里是创业者们思想碰撞的乐园；这里是投资者的项目库，是创业领域内的“相亲”平台。

在车库咖啡，创业者济济一堂，你会遇到民间发明人、拍卖时间的人、会讲故事的人、拿着话筒不撒手的人、给你介绍范冰冰同款推拿师的人，还有可能遇到学佛成痴的人。他们相互交流着前瞻性的思维，并为自己的项目找寻着合伙人、投资人，甚至是能把梦想瞬间照进现实的“贵人”。在这里还诞生了很多深受大家欢迎的产品，比如魔漫相机、格物致品、保益悦听、时间拍卖、儿童音像馆等。

创业人苏药：创办以创业和投资为主题的咖啡厅

2000 年，正在北京联合大学电子信息专业学习的苏药和几个朋友凑了 4 万元，在西单华威商场里卖电脑，这是他第一次创业。毕业后，苏药的几份工作都与 IT 和销售有关。他认为，成功者都有相似的经历，就是从底层干起，基础的工作往往夯实着人生的底座。

2006 年，苏药进入蓝汛公司做销售，这是他创办车库咖啡之前的最后一份工作，也应该算是积累人脉最重要的一份工作。蓝汛上市后，苏药被任命为投资总监，他开始奔波于各个城市、餐桌和会议室之间，每天花在路上的时间比坐下来谈事情的时间还要长。苏药深吸一口气说："投资者寻找项目就已经疲惫至此，更何况那些到处寻找投资的创业者。"

在与创业团队接触的过程中苏药渐渐发现，中国不缺少创业者，却缺少相关的服务配套措施。苏药想，可不可以给早期创业者们提供一个开放的办公环境，不仅解决他们资金少租不起办公场地的问题，同时又可以给创业者和投资者提供一个聚集的地方，让他们可以互相认识、自由交流，为彼此创造合作的机会？对于高房价的城市——北京，这个构想应该会受到创业者的欢迎。

一次美国之行使苏药的设想变成了现实。2011 年，他来到了美国硅谷，在这里，他拜谒了加利福尼亚州著名的"车库"，车库的创业精神和创业文化深深感染了他，他认识到"仅凭个人之力不可能更好地展现创业精神，他需要更多的同路人"。

回中国后，苏药立刻着手市场调研和设定商业模式。10 月，中国第一家为创业者提供服务的创业公司——"车库咖啡"诞生了！

创业模式：共享经济下的“流转式办公”

从表面上看，车库咖啡和别的咖啡厅如出一辙，但实质上这个咖啡厅却是一个“流转式办公场所”。到这里办公的创业者，只需每人每天单点一杯咖啡，就可以享受一天的办公环境。

车库咖啡借鉴了欧美发达国家的创业模式，让创业者在这里济济一堂，不仅可以享受开放的空间，更可以集思广益，融合各方资源，弥补自身的短板。来到车库咖啡的年轻人，都是梦想的实战家，他们在这里可以找到梦想着陆的感觉，更能够时时修正创业方向，组合创业精英团队，为项目的快速推进做足准备。

车库咖啡也是投资人经常光顾的场所，他们常常来到这里，挑选他们认可的项目。

对于创业者来说，车库咖啡简直“太划算了”！这里不仅可以喝到可口的咖啡，还可以将资金、社群、资源进行对等匹配。这里还会不定期组织互联网大咖讲座，来到这里的创业者可以与互联网大咖面对面对话，更让创业者心动的是，“伯乐”随时有可能在这里出现。这里的咖啡就像一根明线，创业就像一根隐线，将有梦想的年轻人串联到了一起。

车库咖啡的创始人苏药谈及创业初衷时说：“很简单，就是为了给有梦想的创业者提供一个可以免费办公的地方。”

当然，如果单纯靠卖咖啡来盈利，车库咖啡肯定不如星巴克、Costa等。为了聚集人气、增强客户黏性，车库咖啡除了销售咖啡，还增加了一些其他的盈利方式，比如楼道广告位出租，达到数十万元；对有较强黏性的客户收取1200元的会员费等。等创业者对车库咖啡产生了黏性之后，再进行新产品的开发，这样车库咖啡就很容易形成自身的闭环生态链。

其实，只要有创业梦想的人并不缺乏创业精神，缺乏的是相互交流和学习的场所以及创业经验，这也是企业者创业初期最薄弱的环节。“车库咖啡”就是瞄准了这个薄弱环节，及时填补市场所需，为创业者们减少创业前期的投入成本并为他们创造商机。苏药认为，中国的创业者并不比欧美国家少，但中国缺少的只是让创业者聚集到一起的场所，而这样的想法促使苏药和车库咖啡取得了前所未有的成功。

创业优势：“便宜”就是巨大的吸引力

对于很多初创业者来说，非常高的办公室租金就足以把他们吓倒，尤其是在北京中关村附近，那些初创业者根本就不敢妄想能在这里拥有自己的办公场所，他们中的很多人常常在麦当劳、肯德基里面一坐就是一整天，为的是省下办公室租金。在这种情况下，车库咖啡的出现对他们有着极大的吸引力，极“便宜”的办公场地把四面八方的创业者吸引到这里来。

让我们来算一笔账：一个 3 个人的团队在车库咖啡消费一个月也就 1000 多元，但若在中关村附近租用办公场所至少要 4000 元以上。除此之外，在车库咖啡办公，无须购置桌椅、打印机、扫描仪、投影仪等办公设备，在这里，打印一张文件只需 0.2 元，租用会议室一个小时只需 10 元，互联网免费用，速度快到惊人。如果没有车库咖啡，无论是多小的创业团队，这些都需要自己投入。有了车库咖啡，创业成本被降到很低，即便创业失败，也没有太大的损失，这对那些“草根”创业者来说无疑极富吸引力。

优厚的创业条件，使得这里每天都有数个团队、几十人驻扎，还有更多的团队预约入驻。车库咖啡从最初的门可罗雀到门庭若市只用了很短的时间。在它最辉煌的时期，一共接待了 2000 多个创业团队，常驻创业团队也有近 20 家，在车库咖啡直接获得投资的将近 30 家，其中有20个创业团队的项目获得了100万元以上的风险投资。很多预订不到车库咖啡位置的创业者和投资人只能另择他处，于是3W咖啡、贝塔咖啡等也相继开业，但车库咖啡龙头老大的位置却一直无法被撼动。

当然，也有一些来到车库咖啡的团队并非是为了省钱，而是为了得到更多的资源和渠道。所以说，车库咖啡对创业者产生巨大吸引力的并非只是"便宜"，而是资源。

创业定位：咖啡厅中的"孵化器"，创业者的精神家园

经济领域的"孵化器"概念，是指一个集中的空间，能够在企业初期发展时提供各项援助和支持，对高科技成果和创意产品进行孵化，使其更快、更好地进入市场。

车库咖啡也承担了这样一个"孵化器"的功能，其所在的中关村创业大街，是中国创业资源和经营资源最为密集的区域，众多名企聚集在这里，如微软、新浪、腾讯等，还有众多的银行、私募投资、天使投资等机构，无数怀揣创业梦想的人每天在这里来来往往……这为"车库咖啡"的创办提供了"肥沃的土壤"。

但在这样的区域中，创业与投资之间依旧存在着一定的距离，创业者依然不知道怎样与投资人"接上头"。而车库咖啡提供的最大服务，就是解决了创业者和投资者之间的距离问题，为他们搭建了一个良好的交流媒介，为创业者建立了联系，降低了社交成本，也为投资人提供了一个可以长期考察的平台，可以说是创业者的项目"孵化器"。

但是，车库咖啡与其他"孵化器"也有些不同，其定位更加超前，连尚未成型的项目也来者不拒。同时，"车库咖啡"同其他"孵化器"也有合作，为其输送优秀的项目。

一方面，车库咖啡的创业定位是为早期的创业者服务，而在创业早期最容易发生的事情就是“失败”，低成本的投入使创业者们不再惧怕失败，而是认为在这个过程中积累人才、技术和经验才是最重要的。“无门槛”也是车库咖啡的一个特色，只要你有创业的想法，都可以到这个“孵化器”里来。

另一方面，车库咖啡还定位于创业者的精神家园。“车库咖啡”不定期地开展创业者创业历程讲座、创业沙龙等交流活动，大家互相激励，成为创业路上的同盟军。车库咖啡也逐渐形成了一种独特的创业精神和创业文化，这成为创业者们的永久精神动力。

苏药给自己的定位是投资者和创业者交流的媒介，他认为扶植更多的创业者走上成功之路是一件很有意义的事情。

虽然目前车库咖啡的盈利能力还有所不足，但车库咖啡的口碑越来越好，行业影响力越来越大。苏药认为，“车库咖啡”未来的价值很大，因为他做的是一件对整个行业发展有益的事情。

周峰：小团队瞄准一个方向，做软件定制开发

现在，很多朋友都会在自己的微信朋友圈里分享美食或文章，我们也会因为朋友的分享对某些美食怦然心动，想要到某个饭店尝一尝。因此，餐饮行业的微信营销越来越时髦，许多餐馆都注册了自己的微信公众号，不但可以宣传自己，还可以提供排队、订餐等服务。但是，注册微信公众号容易，使用和经营微信公众号却不那么容易。于是，专门提供这种服务的团队便产生了。

有一位年轻人周峰就开了一家公司，专门为餐饮行业提供微信定制开发和微信公众号推广服务。如今，提起周峰的公司，客户们都知道

是一家少有的专门为餐饮行业提供微信定制开发业务的公司，看似很“窄”的市场定位却为他赢得了不小的收益。

创业人周峰：程序员做起了微信定制开发

2009年，周峰从武汉理工大学毕业，到深圳一家公司做了一名程序员。4年后，他的年薪已经有十几万元，在同龄人中还算不错，但他很想找一些有兴趣的事情做。于是，他注册了一个微信公众号。刚开始他根本没想过利用它来创业，纯粹是为了好玩。但玩久了，他对公众号的各种功能越来越熟悉，由于他是程序员，弄懂这些并不难。有朋友听说他对微信号感兴趣并有一定的了解，就找到他想和他一起做微信定制开发，周峰这才有了创业的想法。

周峰并没有留在深圳创业，而是选择了他的老家随州，一是因为想留条后路，二是觉得随州虽然是小城市，但做微信定制开发的人很少，竞争力小。2014年下半年，他在随州注册了公司——冰点互联网科技公司，组建了一个小团队，开始从事微信定制开发业务。但是，由于公司的服务范围不明确和规模太小无法让客户产生信赖感，所以很长时间都接不到订单，没过多久就关门了。

在这样的情况下，周峰又找了一位朋友，共同出资10万元，到武汉重新注册了一家新公司——武汉腾瑞风互联网科技有限公司。这次，他们确立了公司的服务方向，主要为餐饮企业做微信定制服务。

创业模式：餐饮行业的微信定制服务

对于创业者来说，确定经营方向很重要，找一个方向作为切入口，更容易聚焦客户，也更容易树立自己的品牌。所以，周峰决定以餐饮行业为主要服务方向，针对这个行业的特点为他们定制适合的产品。例如，为餐厅的微信公众号增加排号，为他们提供智能 Wi-Fi 功能，消费者用餐不再需要到现场排队，可以提前用微信排队。智能 Wi-Fi 功能就是只要转发某个餐厅的信息到自己的朋友圈就能免费上网。

果然，这个经营方向吸引了不少客户，公司陆续接了一些订单，有了一些业绩。在和客户打交道的过程中，周峰又发现了一个现象，他们为客户开发了一些微信产品，但客户却不知道怎么用，也不知道如何利用微信公众号去营销，更不知道如何推广自己的公众号，微信平台的很多功能都没有使用到。于是，周峰决定给公司转型升级，除了继续做微信定制开发，还增加了为客户推广微信公众号、发展 O2O（线上到线下）模式等一体化服务。

不久，他们迎来了一个大客户，为一家大公司做微信定制和公众号推广服务。然而，周峰的合伙人和团队却反对他接这个大单子，因为接这个单子要投入很大的成本，算一算最后也赚不了多少钱，何必白费工夫呢？但周峰却不这样看，他认为这是一次很好的机会，做成了就是一个示范案例，能作为公司的一个宣传点，增加公司的名气和在行业内的地位，同时也能带给团队自信。另外，示范案例就是一个模板，以后再有类似的订单，直接复制这次成功经验就可以了。所以，即便不赚钱，从长远来看还是非常值得的。周峰说服了团队成员，最终接下了这个订单。

这个订单果然成了公司命运的转折点。为这个大客户定制的服务投入使用一个月后，效果非常好。这个大客户的 4 家分公司，也把业务交给他们做，公司的发展由此打开了局面。现在，公司已经完成了 30 多笔业务，对于一个刚刚成立半年的小公司来说确实是个不错的成绩。

创业优势：以“餐饮行业”为突破口赢得市场

周峰采取的最正确的策略就是选择了餐饮行业作为公司业务的主攻方向。之所以选择这个突破口，不仅仅是因为他早在刚开始－玩微信的时候就已经对餐饮行业的微信服务有一定的研究，更是因为餐饮行业的很多人真正懂微信的不多。由于餐饮行业从业者大多是用微信聊聊天、发个人动态到朋友圈，更深刻的内容比如用微信营销等不懂得如何操作。然而，餐饮行业又非常需要这项服务，因为现在完全的线下服务已经跟不上时代要求了，几乎每一个餐馆都在进行线上营销，而大大小小的餐馆又非常多，所以，这个市场非常大。因此，周峰选择餐饮行业为公司业务的突破口非常正确。

如果周峰的选择是以文化公司或制造企业为主攻方向，可能结果就不是这样。因为这些公司本身可能有这方面的科技人才，或者某些员工稍加学习就能胜任这些工作，完全不需要把公司微信运作的业务外包给其他公司做。而餐饮行业尤其是中小餐馆缺乏这方面的人才，也不大会专门聘请这方面的人才，因此他们就很需要有人给他们提供这方面的服务。

这是个细分的市场，它看似很窄，以至于很多人可能看不到或者看不上，但是周峰看到了这个窄市场里的大商机。而就是这一点成为他的优势。他在自己的能力和市场中找到了自身的优势，最终赢得了顾客和市场。所以，小团队如果用心发掘自身的优势，也能在创业中突出重围。

创业定位：瞄准一个方向，以“农村包围城市”

刚开始，周峰的公司没有明确定位，运作很盲目，结果他开的第一家公司很快就夭折了。如果一个小公司什么都做，往往让人认为什么都做不好，事实也的确是这样。一家小公司不可能具备多方面的资源和人才，如果什么都做，别说客户没有信任感，就是自己也不够自信。后来，公司只做餐饮方面的微信定制服务，立刻就迎来了顾客。为什么服务范围窄了，却有顾客了呢？这是因为你只瞄准一个方向，给顾客的感觉是你擅长这方面，这就容易赢得顾客的信赖。

所以，对于刚起步的小公司来说，什么都做不如攻其一点，把这一点攻下了，就打开了市场的缺口，然后就可以尝试从攻其一小点变成攻其一大片。周峰后来走的路线就是这样的，即从餐饮行业的微信定制服务到餐饮行业的全面微信服务，方向没有变，只是把服务的范围拓展了，其实也就是把自己擅长的那个点放大。

周峰很聪明，他知道自己的团队不够强大，所以只能像“轻骑兵”那样攻其一点，精准突击，如果将来有能力，再由点到面扩展。在公司未来的发展道路上，他基本上也是采用这样的思路，把自己能做的做好，再去开拓更大的市场。

对于公司未来市场的开拓，周峰决定先做好二三线城市，等公司强大了，再往一线城市发展。虽然目前微信公众号的发展异常火爆，但一线城市竞争非常激烈，去那里发展，很难在短时间内打开市场、站稳脚跟，说不定还会被淘汰。因此，他采取稳扎稳打的策略，先做好小城市再攻打大城市。用他的话说就是“以农村包围城市”，这个“农村”是大企业不屑于开拓的市场，其实有很多机会，对于一家小公司来说有不小的价值。这样做，也是为了给自己更多的时间去优化产品和探索更好的创业模式。

周峰的策略对小团队创业很有借鉴意义。开一家小公司很容易，但存活下来不容易，或许像周峰这样“瞄准一个方向，攻其一点，精准突击”是个不错的思路。

姨妈皂：只为大家解决一个星期的尴尬和烦恼

肥皂是大家生活中的常用品，但是听说过专门为女性朋友“姨妈期”打造的“姨妈皂”的人可能就不多了。还有人做这样“小”的生意？也许很多人会发出这样的疑问。但是，确实有人盯上了这个极小的细分市场，只赚女性朋友那一个星期的钱。这个人叫李周顿，他创立的品牌叫“姨妈皂”。

随着创业初步成功，“姨妈皂”已经走进了众多女性朋友的生活，在每个月的某个星期成为她们的生活伴侣。创始人李周顿和他的伙伴们也大方自然地做起了“姨妈匠”。

如今，越来越多的男性朋友开始做起女性生意，除了“姨妈皂”的创始人李周顿，还有轻生活卫生巾的创始人天成。一个做“姨妈皂”，另一个做“姨妈巾”，他们都盯上了女性群体在每个月那一个星期的烦恼。他们解决了女性朋友感受最为深刻的“痛点”，他们的创业都获得了成功。

所以，创业不需要做多大规模，但一定要能解决人们生活中的某个实际需求，这样才能成功。

创业人李周顿：小男生要卖“姨妈皂”

李周顿，网名“袋鼠”，上大学时学的是营销专业。他在上大四时，有一次在网上闲逛，看到一块泰国手工皂，从产品介绍来看，他感觉应该很不错。虽然这款手工皂售价 120 元对当时的他来说有点贵，但他还是买了。用过之后，他感觉确实和一般的香皂不同，清爽细腻，舒服极了。或许是这块香皂的缘故，大学毕业后他进入深圳一家制造手工皂的公司，负责产品的运营工作。

公司里，同事们经常聊有关洗涤和香皂的话题。有一次，有位女同事说："真是烦恼，每次'大姨妈'来时清洗内衣都是一件让人很讨厌的事情，一般的肥皂根本洗不干净。"李周顿就问大家："你们都有这个烦恼吗？"大部分的女同事都回答："有啊！"

李周顿就想，如果我能研制出一种去除"姨妈期"污渍的内衣皂，一定能帮女性朋友解决这个烦恼。他和几个有意创业的同事商量后，拉了一个小团队，成立了一家小公司，自称"姨妈皂公司"。刚开始公司同事都是男士，自称"姨妈匠"，后来公司终于来了一位女"姨妈匠"。

在他们的精心研制下，首款"姨妈皂"产品很快面世，随后在淘宝正式上线。

创业模式：产品第一，营销第二

对于"姨妈皂"的创业模式，李周顿有清晰、长远的规划。他的计划是从淘宝起步，然后再做独立网站，最后再和大姨吗、美柚这些女性生活社群平台合作。这些社群的用户 80% 以上都是年轻女性，和"姨妈皂"的用户群体一致。等"姨妈皂"公司的实力强大时，通过这些女性生活社群平台来增加"姨妈皂"的用户就更容易了。

但是，万事开头难，该怎么获得淘宝上的第一批用户呢？李周顿并没有采用电商们惯用的免费赠送等方式，而是采用了大家意想不到的方式——微信群发红包。由于那时微信发红包还不流行，大家对这种方式感到很好奇，因此李周顿的行为就引起了大家的注意。他每天在各种群里发红包，然后顺便推广他的"姨妈皂"，他发的红包数额都很小，因此这样的宣传成本也很小，渐渐地他有了一些客户。在微信群里宣传时，有一个投资人看中了他的项目，为他进行了投资。2015 年 3 月，"姨妈皂"拿到了首轮天使融资，在资金上更宽裕了。

经过在淘宝上一段时间的运营后，李周顿的“姨妈皂”实现了与众多女性生活社群平台合作的愿望。李周顿并没有选择自建销售平台这种模式，因为他觉得“姨妈皂”应该专注产品本身，平台只是一个渠道，这个渠道如果可以与别人合作建立，就不要自己浪费精力去做。

在这一点上，李周顿的理念和轻生活有些相似。他不热衷于营销，不想把过多的精力用在频繁地跟用户互动上，他认为“姨妈皂”再好也不至于达到让用户发烧的地步，所以他对社区粉丝运营兴趣不大。他甚至对天猫这个更容易让品牌出头的平台不太感兴趣，因为天猫有太多规矩，今天搞活动，明天打折促销，他不想受这些规矩制约。“姨妈皂”很少打折，也几乎不赠送和试用，他就是老老实实做产品，对过多的营销花招一概说“NO”！所以，姨妈皂的第一轮天使投资基本都用在产品的打造上。

“姨妈皂”的下一轮投资——A轮融资将被重点用于渠道开发方面，它已经开始着手布局高校渠道，因为“姨妈皂”的高校订单很多，如果能打开全国的高校渠道，市场会增加不小。具体的方式是让学生去推广，给他们佣金和奖励。李周顿喜欢这种推广方式，因为他觉得这样可以快速直达目标消费群体，还可以给大学生制造创业的机会。这比那种“烧钱”的营销方式要好很多。

创业模式有很多种，适合自己的就是最好的。对“姨妈皂”这种功能性较强的产品，只有为用户解决实际的问题才能产生用户黏性。“产品第一，营销第二”，这就是最适合“姨妈皂”的创业模式。

创业优势：解决了消费者“洗不掉”这个痛点

一款产品只要能瞄准消费者的“痛点”，就一定能被消费者接受，轻生活卫生巾是这样，“姨妈皂”也是这样。女性在“姨妈期”内衣污渍的烦恼是切实并长期存在的，这是所有女性消费者的“痛点”，然而这个痛点一直没有被众多创业者重视。李周顿看到并解决了这个痛点，那他的“姨妈皂”就一定会进入众多女性消费者的生活。

“姨妈皂”和其他一般的香皂不一样，一般的香皂在效果上差点其实大家都感觉不出来，无非是香和不够香的区别，但“姨妈皂”是能洗掉和不能洗掉的区别，它的出现就是为了解决“洗不掉”这个痛点。所以，一旦“姨妈皂”质量上稍有不足，就解决不了这个痛点，也就失去了它存在的价值，会立刻被消费者抛弃。

“姨妈皂”是采用椰子油、棕榈油、蒸馏水、苛性钠、茶树精油等多种原料制成，做好以后还需要用 25 天左右的时间完成皂化，然后才能使用。它不仅仅有洗涤干净、不留污渍的功能，也有一般香皂不伤手、味道清香的特点。

“姨妈皂”解决了消费者的“痛点”，它就能赢得市场，如果市场上没有同类产品出现，那么它的优势就一直存在。

创业定位：年轻女性朋友的生活伴侣

“姨妈皂”的用户群体基本上是年轻的女性朋友，尤其是女大学生，她们爱干净，忍受不了内衣上那一点点污渍，她们能够接受新事物，愿意为这样一点既小又大的烦恼去买一块与众不同的肥皂。

这样的人看似很少，但是如果全中国所有有这种烦恼的人都能够成为“姨妈皂”的用户，那么也是一个很大的市场。所以，“姨妈皂”的目标就是抓住这样的客户，把她们变成自己的用户，为她们解决那一个星期的尴尬和烦恼。

轻生活：中国第一款“卖给男人的卫生巾”

许多女士买卫生巾的感受，也许是在超市里买了卫生巾后用黑色的袋子装好，然后灰溜溜地赶紧带回家，唯恐别人看到这么隐私的物品让自己尴尬。这还不算什么，女人对卫生巾最大的烦恼是它会让自己过敏产生湿疹，那带给女人的痛苦只有女人自己才明白。但是，女人的这种烦恼和痛苦有一个男人也明白，他还把解决女人的这些烦恼和痛苦当成自己毕生追求的事业，他就是轻生活卫生巾的创始人——天成。

一个“85后”大男人不卖汽车，要卖卫生巾，因为他觉得做这件事情更有挑战性，不但能帮助自己实现创业梦，还能帮助天下所有的女性朋友解决烦恼。而且为了让更多人成为轻生活卫生巾的用户，也为了让男人学会更好地爱护女人，他还要把卫生巾卖给男人。这些不可思议的事情，在天成的努力下，都一一实现了。卫生巾摇身一变成了美丽而神秘的东西，不但有人把它当礼物送给女朋友，甚至有人拿着它向女朋友求婚，而有些女性则亲切地把它称为“妇女之友、姨妈救星”。

轻生活卫生巾是互联网浪潮中“小而美物种”的代表，它带给人们的不仅是生活的便利，更是轻松、快乐、美好和浪漫的感觉。

创业人天成：一个男人的卫生巾故事

2013年，天成还不到25岁，已经是某知名汽车品牌的营销总监了。不过，他并不满足这样的生活，觉得自己还能创造更大的价值和精彩，于是他辞职来到深圳，想在这里创业。

创业做什么好呢？他一直在寻找创业项目，而最终的灵感也来自他的女朋友。有一次，他的女朋友向他抱怨，因为她是敏感体质，国内的一些卫生巾她用着过敏，所以每次都要买外国的卫生巾用，既不方便又很费钱。说者无心，听者有意。天成想，我为何不做卫生巾呢？这也是“刚需”。而且像我女朋友这种情况的女性消费者，全中国肯定有不少，她们需要一种真正好用的卫生巾，来解决她们每个月都会面临的烦恼。

为了验证这个想法的可行性，他做了一些调查。他收集了身边 100 多位女性的意见，发现和他女朋友一样有敏感体质的女性不少，即便不是敏感体质，当下她们使用的卫生巾也并不能让她们完全满意。天成这才觉得，做卫生巾不仅是为了女朋友，也是为所有的女性朋友做一件有意义的事情。

2014 年 2 月，经过 5 次改良、700 多名女性朋友试用后，轻生活卫生巾上市了！

创业模式：放弃过度营销，用过硬的产品打动用户

在创业模式上，天成一开始就做了一次很大胆的尝试——他决定把卫生巾卖给男人。天成想，大家都觉得卫生巾是一种与男人无关的产品，可女人却是与男人密切相关的人，男人可以送给女人车、房、首饰等各种礼物，为什么不能送给女人卫生巾呢？卫生巾在女人生活中的重要性不言而喻，当男人没有能力给女人买车、买房时，如果能给她买一盒安全、好用的卫生巾，则更能体现男士对女士的体贴与关心。而女士如果拿到男士送给自己的卫生巾，是不是更惊喜呢？以把卫生巾卖给男士作为初期切入市场的模式，不仅能赢得女性受众的好感，也能赢得一部分男性受众。

果然，“卖给男人的卫生巾”这个创意很快就引起了大家的注意，几乎没做什么宣传，轻生活就很轻松地赢得了第一批客户。据统计，轻生活第一代产品的男性用户占 60%，而在以前，卫生巾的男性消费者不足 5%。

轻生活和天成也因此成了各大媒体、创业网站关注的对象，找他采访的人、商谈合作的人络绎不绝。天成抓住这个机会营销自己，他和他的团队经常在各种宣传渠道之间来回奔波。此时的天成也想过走一般电商的路子，用噱头、制造话题等手段博人眼球，但他奔波了没多久就放弃了，他对这种方式感到厌倦。他认为过多的营销也是对品牌的一种损耗，卫生巾这种产品更重要的是顾客体验，一旦顾客体验后觉得好，会主动帮自己进行口碑营销。因此，天成还是把关注点放在了产品本身上。

他仅仅是在淘宝、微信和自己的官方网站上做一些简单的宣传。可喜的是，在几乎没有任何营销成本的情况下，轻生活上线不到一年就销售了5万件礼盒装、15万件个人装。天成把原因归结为卫生巾的用户黏性非常高，一旦觉得产品不错，她们会不断重复购买，长时间不会换品牌，这是卫生巾这类产品独特的优势。他看到很多快消品牌把很多资金都用在广告宣传上，最终导致产品质量不过硬，他觉得这完全是本末倒置。轻生活不想成为这样的产品，轻生活要成为真正能给用户带来美好感受的产品，让她们因为产品而接受轻生活这个品牌，而不是靠大量的广告宣传“喂饱”她们。

事实证明，天成这种经营策略是成功的，用产品打动客户，用口碑在用户之间进行渗透，轻生活就这样赢得了市场。

经营优势：极致的产品才能赢得顾客

一款产品如果不靠刻意营销就在同类产品中占得优势，就必须把产品做到极致，让使用者使用后立刻能感受到和以前的同类产品不一样，并立刻成为产品的“死忠”用户。要做到这一点，就要在产品上下足功夫。

首先要做到的是产品的材质必须是纯棉。很多卫生巾之所以会让女性朋友过敏，是因为商家打着“棉柔”的口号却用从石油中提炼出来的人造化纤作为材料，敏感肌肤会很排斥这种材质的卫生巾。轻生活使用的纯棉材料是从美国进口的，价格要比普通卫生巾的材料贵 5 倍，成本相当高。刚开始工厂的老板都反对他使用这种材料，他们认为，大部分不过敏的女性根本就感受不出来是不是纯棉。但是，天成觉得自己做卫生巾的初衷是让女性朋友使用到更舒服的产品，而不仅仅是为了节省成本赚钱，所以他执意采用质地好的材料。

在其他方面，轻生活使用的是高分子吸水材料，不添加荧光剂，因为荧光剂能导致癌变，而高分子吸水材料不仅易吸收还容易凝胶干爽。这样产品同时具备了棉柔和干爽两个功能，不用再像市面上大部分的卫生巾那样还要区分棉柔型和干爽型。轻生活卫生巾的厚度比普通卫生巾的厚度要薄三分之一，却可以吸收 200ml 水分。总之，轻生活卫生巾可以做到 0 荧光剂、0 染色剂、0 化纤、0 甲醛，100% 原生棉花，是真正健康、安全、放心的产品。

在包装上，轻生活就更用心了。女性用卫生巾的时候都会遇到这样的情况：上洗手间的时候把卫生巾紧紧地攥在手里，或者把卫生巾放在袋子里，唯恐这种私密的东西被别人看到，让自己很尴尬。为了避免这种情况，轻生活设计了一个“便携包”，这个便携包外观很漂亮，拿着它上卫生间就再也不尴尬了。轻生活还使用了抽拉式纸盒，使取卫生巾就像取纸巾一样方便。另外，轻生活卫生巾去掉了一般卫生巾的外包装上会有的一些卫生巾专属的图案和文字。天成觉得这些专属的图案和文字很没必要，用户买卫生巾时挑选也不方便。此外，轻生活卫生巾还可以定制，如果你想送给谁做礼物，可将自己的要求告诉轻生活，轻生活会将你的祝福或照片放到礼盒中。

总之，轻生活在产品的开发上花费了太多功夫，以至于有用户说：

“这是我用过的最好用的卫生巾，没有之一。”一个经过700多人试用、5300多个小时雕琢的产品怎么可能不好呢？在对品质的追求上，轻生活确实是偏执。

创业定位：男人爱女人，女人爱自己的轻松伴侣

轻生活的定位其实从它的品牌名称就可以看出来——轻简有度，化繁为简，提倡轻松快乐的生活，提倡每个人都能爱自己、爱身边的人。

首先，为了实现这样的定位，轻生活首先在产品上追求简单轻松，比如包装上去掉了那些不必要的功能图案和文字，颜色以绿色为主，内部色彩清新淡雅，看起来赏心悦目，让人忘记了“月经”这件“麻烦”的事情。

其次，提倡轻生活卫生巾是“男人送给女性的礼物”，其实是提倡男人要关心自己的爱人。爱不一定非要通过钻石、手提包、玫瑰来表达，也可以通过更具体的小事来表达，这样的表达更实用、更贴心。想想看，女生在不舒服的那几天，突然收到这样一份很好用的礼物，一定既惊喜又感动，身体和心灵都会受到抚慰。

轻生活卫生巾不仅是男人关怀女人送的礼物，也是女人送给自己的礼物，这个礼物还处处透露着温暖的情怀。比如轻生活的个人装上有很温暖、俏皮的文案：“你需要的时候，我在”，“睡过才知道谁厉害”，让人看了既好笑又温暖，一下子觉得这几天的日子不再那么难过了。

轻生活就是这样，处处透露着简单、轻松、幽默、温暖，它传递给用户的不只是一种产品，更是一种快乐的生活态度。因此，它也像是一位朋友，这位朋友因为有着可爱、漂亮的外观，所以不需要藏在某个角落，可以摆在你的桌面上，充当你的贴心伴侣的角色。

目前，市场上和轻生活定位类似的产品还有“护你妹”“午后”“男朋友”和“Redlily”，轻生活若想在其中一直保持优势，还需要在成本、价格和营销上更进一步，如此才能成长为更优秀、更强大的品牌，那么消费者就能够使用到更安全、更实惠的卫生巾。

“YOU+”国际青年社区：给漂泊在外的年轻人一个家

在一个卖水果都要讲互联网思维的年代，有一家企业却走向了“反互联网思维”。他们把习惯互联网社交的年轻人召集到线下，一起居住，彼此交流，共同创业。在这里，他们从陌生人变成了家人，他们的生活成本被降到了很低，更重要的是，他们不再孤单。这个地方就是“YOU+”国际青年社区。这个项目既是互联网思维对传统产品的一次改造，又是“反互联网”的。

从表面上看，“YOU+”国际青年社区只是一个公寓，但从实质看，它却是一个集居住与创业相结合的现代化社区。在这个社区里，每个人都可以享受到开放、平等、协作和分享的互联网精神，但人与人之间的距离又比互联网上近得多，关系也比互联网上真实得多。

在这里，各种类型的“家友”都有，“90 后”电商、银饰设计师、巴西留学生、武汉投资人、工程师等。大厅里，有咖啡座、酒吧、跑步机、桌球和微型电影院，这多像一个社区。

创业人刘洋：漂泊的人要为漂泊者打造一个家

刘洋，大家都叫他“小刘哥”，东北人，漂过很多年，漂过很多城市，有过很多次租房经历，感受过很多孤独。在这些经历中，他最深刻的感受是：不能生病，因为身边没有人；不能与房东或邻居交朋友，因为缺乏人情味儿。

在这个过程中，他又看到了中国多年来的现状：房地产经历了野蛮式的增长，但房屋空置率高得惊人，因为价格太高很多人买不起，所以房屋租赁价格逐年上涨，但出租率却并不高，尤其是“北上广”地区。想买房却买不起，想租房却租不起，这是一些城市漂泊者的生活现状。这样的人有很多，据《中国人才发展报告（2010）》的数据统计，北京地区那些收入不高、居住面积很小又辛勤打拼的“蚁族”保守估计有10万人，这些人都在被居住问题困扰。

大城市的优势是为人们提供了向上流动的空间，但它的劣势是社区文化正在慢慢消失。

以上这些问题汇集到一起，让刘洋不由自主地寻找答案：有没有一种方式把这些漂泊在外的年轻人聚集起来，让他们能成为彼此的依靠，既解决了他们的孤单问题，又解决了他们的居住问题，同时让他们感受到浓郁的社区文化呢？他找到了答案——打造一个公寓式的青年社区。

2010年底，他辞掉了市场营销总监的工作，分别在北京、上海、广州、深圳和苏州5个城市做了一次市场调研，认为这个项目可行。随后，他在广州市工业大道72号看中了一幢5层的废弃旧厂房，这里交通便利，结构适合改造成公寓，最重要的是在一楼有一个宽敞的大厅，这可是建立社区必须具备的。

没有资金，暂时拉不来投资，刘洋就卖掉了自己的房子，又从亲戚、朋友那里借了钱，租下了这座工厂，然后开始改建。10个月后，改建完成，刘洋用剩下不多的钱装修出了几个样板间，然后开始在豆瓣、58同城、赶集网上打广告：“我们不是在租房，我们是在给你一个家。”很快，他的社区就有超过三分之一的房子被预订，“YOU+”国际青年社区正式开始运营。

创业模式："反互联网思维"的资源整合平台

有人这样评价"YOU+"：说简单点，"YOU+"就是"二房东"。从表面上看，确实是这样的，承包下整栋物业，一楼改建成大客厅，二楼以上改建成一个个房间，然后租出去，赚取租金差价和管理服务费。但是，它和一般意义上的"二房东"又有着实质的区别。

第一，这里的房子不是谁都能租。45 岁以上的人不租，因为公寓关注的是年轻人；结婚带小孩的不租，因为房间和楼梯只为单身成年人而设计；不爱交朋友的人不租，因为"YOU+"打造的是有爱陪伴的社区。基于这一点，那些来了只看房间不看大厅的人一般都不租，因为大厅就是社区，对社区不感兴趣，明显不符合第三条。为了满足这样的标准，每一位准租客都要填一张表，上面的内容包括教育经历、职业、年龄、是否单身等，简直比招聘还要严格。

第二，这里不是谁都可以随意出入。这里的租客互称"家友"，每个家友都有一张磁卡，用于进出和在社区内刷卡消费。不是家友就进不来，即便混进来了，也出不去。这样费尽心思的设计只为一个目的——打造安全的社区，让住在这里的人互相信任，即便把手机扔在大厅里也不会丢。这就像在家里一样，家里的人会"偷"你的手机吗？所以，家的感觉是其体现之一。

第三，对房间可以随意 DIY（设计），即使是打通一堵墙。"YOU+"想要打造的就是温馨的家的感觉，对于自己的家当然可以随意布置。你可以在墙上画画、贴自己喜欢的壁纸，对房间做一些布局上的小改动。只要你不动房间的主体结构，在保证安全的前提下，拆掉一面墙都可以。

第四，有一个 300 平方米的客厅，客厅里还有咖啡座、酒吧、跑步机、桌球和微型电影院。在同等的价位下普通的租房没有这样的配置。更重要的是，家友下班后不会窝在自己的卧室，而是都聚集在这个大厅里喝茶、聊天、看电影。在这个家里，客厅是家友们的刚需，能够实现他们的社交需求。

第五，“YOU+”有特殊的家规。家友们要时常参加“五同会”（同乡、同星座、同职业、同兴趣、同生日），同时也要踊跃参加创业沙龙、摄影沙龙、科技沙龙等。最后“YOU+”会统计你参加了多少活动，从中认识了多少个家友，如果你一场活动都没有参加、一个朋友都没有认识，那抱歉，可能“YOU+”会请你离开这里。

以上这些和普通的“二房东”有着本质的区别。所以，“YOU+”绝不仅仅是一个“二房东”，它同时还是一个家长、一个社区服务者和管理者。

在宣传上，“YOU+”并没有投入太多，主要靠的是口碑，老家友推荐新家友是主要的客源，这已经保证了“YOU+”租客群的稳定。由于年轻人的生活流动性比较大，因此租客实行一年一签，而租金一般在2000元左右。

在管理上，刘洋并没有聘请专业的酒店管理人才，他把就业的机会也提供给了家友。比如凤凰店和白云山店的店长就曾是“YOU+”的家友，这些家友不仅可以成为管理者，也有可能成为公司的股东。这样做，加深了家友对“YOU+”的认同感。

“YOU+”初期的定位是居住性质的国际青年社区，满足家友之间的社交要求，但车库咖啡创始人苏菂的加入则把创业元素带到了“YOU+”。因为他的车库咖啡的创业者每天在车库办公，晚上还要到别的地方住宿，如果居住的地方同时也能办公，那么这些创业者的生活就会方便很多，生活成本也会降低很多。苏菂的提议得到了刘洋的认同，300平方米的客厅在白天大部分时间是闲置的，放上一些办公桌，就是办公的地方。于是，车库咖啡和“YOU+”实现了合作。

“YOU+”不仅吸引了苏菂，还吸引了小米科技公司董事长雷军，小米投资“YOU+”，使“YOU+”在前进的路上又迈出了一大步。但是“YOU+”的发展也面临着难题，即适合改建的整栋楼很少，这是所有类似的产品如新派公寓、魔方公寓等共同面临的难题。幸运的是，“YOU+”为自己找到了一个靠山——时代地产，与时代地产合作，“YOU+”能获得更多物业、承建和供应商体系方面的帮助。

目前，“YOU+”的赢利点还是很多的：租金、服务费、管理费、办公费、餐饮等，即便某些收费很便宜，但许多都是重复消费，例如餐饮，所以收益很可观。

创业优势：“资源整合”是强大的吸引力

“YOU+”最初只是漂泊者的家园，在这里，你能找到朋友、拥有家人般的温暖、实现在你原来的社交领域无法实现的广泛社交。后来，当创业元素加入其中的时候，“YOU+”又是创业资源聚集的地方，你在这里不仅能找到生活中的朋友，还能找到事业上的伙伴，来自各行各业的每一个家友身上或许都有你需要的资源。这里既是居住的地方，又是社交平台和创业平台，你的生命版图会因此而扩大，获得资源的途径变得简单而有效。另外，由于资源被整合，创业者的房租、办公租金、社交娱乐开销、交通时间等综合生活成本就降低了。在“YOU+”，创业者只需要支付房租和一定的管理费用，其他的成本都省了。这些是很能吸引创业者的地方。

大部分的创客空间，包括车库咖啡，只能提供办公场所和创业平台，无法提供居住的地方，只有“YOU+”兼具居住空间和创业平台，而且还是一个极具魅力的温暖的家园。这样的地方对拥有生活梦想和创业梦想的人来说当然充满吸引力。

创业定位：年轻人的“乌托邦”

近几年来，互联网社交占据了年轻人的生活，但是能真正取得彼此信赖的情感一定是在现实生活中建立的。所以，“YOU+”才“反互联网思维”而行之，建立了属于年轻人的社区。这些年轻人走出大学以后，应该没有机会再和这么多同龄人在一起。所以，感性地说，“YOU+”像一个“后大学时代的乌托邦”，这里有舒适的居住条件、志同道合的朋友、轻松快乐的氛围，他们畅谈生活理想，共享一种家的感觉。这就是刘洋想要营造的一种感觉，一种有些理想主义的生活。

另外，它也是创业者们的乐园，在“YOU+”的客厅里，提供办公席位，能够就地注册公司，配备了视频会议系统，这里的家友们上楼睡觉，下楼办公，从陌生人到家友，又从家友变成合作者。

家友们在这里形成了一个黏性很强的线下社交圈，却几乎不需要付出什么社交成本，无论是交朋友还是寻找合作伙伴，彼此更容易建立起信任，社区中每个人获得资源和取得成功的机会都增加了。

虽然“YOU+”和房地产公司有了合作，但刘洋说，“YOU+”的定位还是一个社交产品，而不是房地产产品，“社交”永远是“YOU+”的核心。因为在目前的城市中，社区生活越来越少，每个人在现实中的圈子越来越小，社区生活将是以后城市生活的趋势。

刘洋说，他以后不仅要在一线城市建立“YOU+”，还要在二三线城市建立“YOU+”，“YOU+”将成为越来越多年轻人的“乌托邦”。

爬爬步步：中国“轻奢”糖果第一品牌

糖果历来被中国人视为喜庆、甜蜜的象征，中国人也一直喜欢吃糖。但是，在被称为中国四大快消品的糖、烟、酒、茶中，糖的发展似乎滞后了，这是个有趣的现象。为什么会出现这种状况呢？因为中国缺少精致、高端的品牌糖，大部分的糖都缺乏吸引人的特色，于是许多外国糖果品牌趁机进入了中国市场。

可喜的是，中国国内以爬爬步步为代表的糖果品牌异军突起，以消费升级背景下的青年先锋一族作为目标群体，在以颜值和食欲为主导的品牌思路里，带领国内甜品零食市场进入新一轮的现象级爆发。

创业人谢运海：高端品牌的缔造者

谢运海，中欧国际工商学院 EMBA，北京工业大学计算机专业硕士，亚杰商会二期学员和中欧创业营一期学员，曾参与创办迪信通和艺乐富通数码连锁店，拥有近 20 年电子产品零售、连锁经营的经验。总之，这是个很厉害的人。

2012 年，他瞄准了糖果市场。他对这个市场进行了一系列的调查和研究：中国糖果年总产量是美国的二分之一，但人均消费量却仅为美国的八分之一，还有大量的消费者需要好吃的糖果；2013 年，中国糖果销售超过千亿元规模，2014 年超过 1300 亿元，但定制糖果市场规模只有 120 亿元，不及整个市场规模的十分之一，说明个性化定制类糖果市场还有很大的拓展空间；中国糖果市场缺少高端品牌，目前仅有大白兔、金丝猴等传统大众类糖果品牌，缺少时尚、创新的糖果类品牌；巨大的全球糖果市场，等待中国的民族糖果企业去开拓。

对这些数据进行对比研究后，谢运海认为糖果市场是个值得进入的领域。他还认为，在新时代，糖果应该被赋予新的概念，比如糖果是极佳的情感载体，糖果能够减压，糖果代表着童心，吃糖是一种情怀，等等，如果把这些都开发出来，糖果市场将大有可为。

2012 年，由谢运海牵头投资的轻奢糖果品牌——爬爬步步问世了。

爬爬步步，名字听起来很萌。这家企业最初的确是想打造适合孩子的糖果，但是最后发展成为儿童、大人和企业定制糖果。爬爬步步的文化内涵也延伸为“愿吃糖的人都有一颗童心”。

创业模式：“零售 + 加盟”+2B+ 电子商务三种模式

爬爬步步的创业模式是多重的，这是因为它的产品种类多样。目前爬爬步步主要做三类糖果：

1. 高端糖果体验店。店址一般选在核心商圈，让普通顾客可以通过多个直营零售店体验到爬爬步步糖果的美味。

2. 婚礼定制糖果。在中国，糖果是传统婚礼上不可或缺的快消品。但是，传统的喜糖无论是包装风格还是口味都过于单一、普通。爬爬步步糖果强调个性化、年轻化、时尚化，因此更适合婚庆场合的需要。中国演员高梓淇和韩国演员蔡琳的婚礼选择的就是爬爬步步喜糖。

3. 企业定制糖果。在以往，企业举办活动很少用到糖果，但爬爬步步会根据企业的特点和需求为它们定制个性化的糖果，糖果不但可以成为喜庆、奋斗、成功等不同意义的载体，还可以作为礼品赠送给企业的嘉宾。爬爬步步赋予了糖果更重大的意义，因此其糖果成为企业定制礼品和宣传的首选。

那么，这三类糖果是通过什么创业模式进入大家的视野呢？主要有三种模式：

1. 零售 + 加盟。在全国各地发展爬爬步步零售直营店或加盟店。

2.2B 市场。针对企业进行定制服务。

3. 电子商务。目前，前两个业务模式已经在加速推进并进展顺利，电子商务也在进行预热，待研发出更多的产品后也将逐步推进。相对来说，开展 2B 和电子商务业务的成本较小，未来爬爬步步的业绩爆发也主要依靠这两方面，但“零售 + 加盟”这一模式也必不可少，它是爬爬步步进入高端商圈、树立品牌的前提条件。目前，爬爬步步的零售店和加盟店均设在三个位置：城市中心、社区中心、高端旅游景区。这三种地方人流多，消费者消费水平高，符合爬爬步步的定位。

在电子商务方面，爬爬步步将来主要从这两方面进行拓展：第一，引入互联网运营精英成为爬爬步步的股东；第二，爬爬步步与互联网企业联合起来走定制化道路。例如，爬爬步步即将与互联网企业墨迹天气、罗辑思维、微票儿、百合网、小米社区等展开业务合作，将产品通过以上几个线上渠道发售到消费者手中。

多样的产品种类决定了爬爬步步的生产方式也是多种的：自己研发；引进国际特色品牌，当然必须是有调性、有情怀的品牌，然后进行代理或合作经营；国内地方特色糖果的升级。未来，爬爬步步还会继续增加各种品类，比如卡通、动漫、电视剧和电影定制糖果等，将爬爬步步糖果打入人们生活的方方面面。

目前，爬爬步步的消费者已经超过百万，每年的销售额有上千万元，销售额 50% 来自零售店，25% 来自企业定制，25% 来自互联网销售。未来，爬爬步步将从品牌、品类、渠道三个方面打造“轻奢”糖果品牌，当然，在企业定制和互联网销售这两个方面也会有更多的投入。

创业优势：多种优势成就中国轻奢第一品牌

作为一个很快打进普通受众、知名企业和互联网平台的“轻奢”糖果品牌，爬爬步步具备的优势太多了。

第一，它不但具有丰富创业经验的创始人谢云海，还有明星级投资人达晨创投总裁肖冰、北极光创投总裁邓锋、中欧创业营创始人李善友等，光这几个人物就为这个品牌镀上了一层耀眼的色彩。

第二，它有优秀的研发团队和强大的创新能力。爬爬步步的研发团队成员主要为“90后”，他们思维新颖、时尚，敢于大胆创新，注重用户体验，能够打造出符合客户要求的极致产品。他们在产品创新上大胆突破糖果本身，敢于寻求跨界创新，比如与多乐之士联合研发的糖果与咖啡、糖果与甜品相结合的跨界糖果产品。

第三，产品具有高品质。爬爬步步的每一个门店均配备了糖果制作室和专业糖果师，所有产品均采用全球顶尖的原材料，纯手工制作，且制作过程对外开放，所有糖果均无任何防腐剂，这保证了产品的绝对高品质。

第四，品牌起点高。产品高品质，定位为中高端“轻奢”糖果，生产、销售、宣传均站在高起点，门店均在全国各地的顶级商圈，具有“明星门店 + 明星企业 + 明星客户糖果定制服务”的特色，成为知名企业和明星们的首选糖果。这样的起点和定位是国内任何一家糖果品牌做不到的。

第五，超强的资源整合能力。爬爬步步并没有走传统企业“跑马圈地”快速扩张的模式，而是充分整合各种资源，利用个人、企业、线上、线下多种渠道聚焦产品，进行品牌塑造。

第六，切中中高端糖果品牌市场空白。如今，人们的生活品质提高了，对食品的要求不再是简单的性价比，而是要求高品质。所以，能够弥补市场空白的产品更容易取得成功。

……

如果继续挖掘，爬爬步步还会有其他的优势。

总之，爬爬步步是具有多种优势、多种创业模式、多种产品类别、多种盈利模式的品牌，这种特质保证了爬爬步步一上市就成为大家瞩目的产品，且发展速度惊人——爬爬步步已经拥有十几家线下零售店和丰富的线上定制平台，年销售额超过 1500 万元，其中国“轻奢”糖果第一品牌的印象已经深深地植入消费者的大脑中。

创业定位：具有互联网情怀定制特色的中国中高端“轻奢”糖果品牌

爬爬步步的定位一直都非常清晰，从创办之初它就瞄准了“中国中高端糖果品牌”这个市场空白。但是，作为一家在互联网时代诞生的新兴企业，它一定要加入时代的元素，这个元素就是“轻奢”概念的植入。什么是“轻奢”？它与真正的奢侈品相对应，奢侈品是绝大多数人都买不起的好东西，但“轻奢品”是大部分人都能买得起的好东西。此外，“轻奢”的意思还有轻松、愉快、好吃、有趣、个性化、时尚年轻等。爬爬步步把糖果的定位从单纯地吃上升到一种文化、情怀和生活方式。

它的内涵可以延伸到以下几个方面：

1. 互动性。“互联网 +”模式的产品都能与消费者产生良好的互动，消费者的体验感觉不好，向厂家提出意见，厂家能够很快接收到并立刻进行改正，这种互动性拉近了品牌与消费者之间的距离，容易与消费者产生情感共鸣。

2. 个性化定制。个性化是如今年轻人对生活的追求，爬爬步步的个性化定制特色就符合他们的这种追求。比如可以在糖果身上打上情侣的名字、喜欢的图案等，也可以定制糖果的包装，还可以在包装上打上企业的 Logo，微博、微信、美图秀秀、UC 都曾经定制过带有企业 Logo 的糖果。另外，爬爬步步还因为这个特色而成为小米新品发布会的“特约嘉宾”。

3. 高端但不高冷。一说到奢侈品，许多消费者就觉得是高不可攀的，但爬爬步步不是，从门店笑容可掬的营业员到互联网上与网友们的亲切互动都说明了这是一个极具亲和力的品牌，虽高端但绝不高冷，甚至还有点“无节操”和“无下限”，比如爬爬步步经常会“掺和”一些好玩的互联网事件。

4. 情怀与文化内涵的植入。爬爬步步挖掘糖果与生活的连接点，传播甜蜜、文化、情怀与正能量，比如开发具有迪士尼米老鼠和 Hello Kitty（凯蒂猫）元素的零售店，击中许多人心中的“动漫情怀”。所以，爬爬步步不再只是一种糖果，还是一个传递文化情怀的媒介。一旦如此，爬爬步步的市场空间将会更大。

爬爬步步已经成为具有“轻奢”与互联网情怀定制特色的中国中高端第一糖果品牌。未来，爬爬步步会像它的名字一样，经过爬与步的过程，走得更远。

张晓东：兼职工作者"折腾"出了事业王国

有些人天生就是创业者，他们创业并非只是为了赚钱，而是把它当成一种生活方式。他们宁可舍弃安逸的生活，也会选择艰苦的创业生涯，只为体会把一个项目做成的感觉。无论是兼职还是全职创业，他们都干得不亦乐乎。

张晓东就是这样的人，他从上大学期间就开始创业，无论项目是大还是小，无论能否赚钱，他都全力以赴去做。从 18 岁考入大学到 29 岁成为东航电商集团董事长，他做过多份兼职，尝试过多次创业，经历过多次成功与失败，一路"折腾"，最终建立起了自己的事业王国。

提起自己的创业经历，张晓东是这样说的："不要贸然去创业，因为不是所有人都适合创业，先尝试兼职进入社会，先去接触一些人、一些事，等条件成熟了再去真正创业，这比贸然创业要好得多。"

创业人张晓东：一个爱"折腾"的人

张晓东真正的创业生涯是在大学毕业后开始的，但他的兼职创业生涯很早就开始了。2004 年，张晓东顺利考上哈尔滨商业大学。很多人认为，考上大学就可以放下压力好好享受美好的大学时光了。但张晓东并不是这样打算的，他并不认为考上大学就可以安逸地生活，相反，他认为真正的挑战才刚刚开始，4 年后自己将面临更加严酷的生存考验，不如早做准备。因此，他拒绝父母为他付生活费，他要通过兼职或创业来赚取生活费甚至学费。

那时的张晓东毫无社会经验，他需要通过兼职去接触社会，积累社会经验和工作经验。于是，他能做什么就做什么：台球室摆球员、网通接线员、烤肉店切肉师、快餐店后厨和服务员、高尔夫球童、卖盒饭等等。对工作他从不挑拣，无论高低贵贱、辛苦与否，无论收入多少，只要人家要他，他就去干，为的是为日后创业积累经验。比如，大学4年他总共做过14份兼职，虽然都是底层的职业，却是一个创业者必须了解的。他做过两年的高尔夫球童和球童队队长，不仅熟练掌握了打高尔夫球的技巧，也有了管理100多个人的经验。这些经验才是张晓东最需要的。他认为创业者并非是一个高高在上的投资者和管理者，而是一个熟知创业领域每一步的人。

4年的兼职生涯结束后，张晓东觉得自己具备了一些社会经验和工作经验，他的一些创业想法也更加成熟了，他要正式开始创业。于是，他注册了大连润鑫互联网科技有限公司，开始了自己的创业生涯。

创业模式：传统企业与电子商务的整合创新

张晓东的大连润鑫互联网科技有限公司刚开始做的是类似人人网、开心网之类的社交网站，纵然他和团队为这个项目付出了很多，但由于缺乏经验和资金，项目很快就失败了。

这样的情况使张晓东不得不思考，他觉得自己创业还缺乏经验，必须有人扶持和指导。2009年7月，张晓东得到了大连创业政策扶持的机会。经过创业导师的指导，他调整了公司的经营方向，主营电子商务全网渠道运营。

其模式就是将时下流行的电子商务模式与传统的零售业进行整合、创新，为传统企业提供以互联网平台为基础的电子商务全网渠道运营，辅助传统企业建立互联网销售渠道。许多传统企业注重产品生产，线下销售也不错，但打不开互联网销售平台，这样就失去了很大的市场，也难以成为明星企业。张晓东的公司就专门为这类企业服务，为它们提供更专业的销售推广和供应链全程服务。

那时，电子商务运营服务在中国南方地区早就发展得如火如荼，但包括大连在内的很多北方城市还不为人所知，很多传统企业对此也不重视。张晓东觉得越是没人重视，越是有市场，只要帮助企业推广成功，增加企业的影响力和销售量，就能增强它们的认同感。于是，张晓东的公司就专门为企业提供品牌定位、网店店面设计、策划、运营推广、销售等一系列服务。

事实证明，这个经营方向是正确的。在张晓东及团队成员的努力下，公司很快就有了成绩：2009 年，公司运作的大连第一家互联网女装品牌进入了整个服饰类的前 10 名。接下来公司的发展非常顺利，运作的其他项目也有了不错的成绩。随后，张晓东的公司牵手大连奥远集团，成立了东航兄弟（大连）科技有限公司，团队由最初的 5 个人扩充到 70 个人。接着，张晓东成立了大连市电商联合会并担任会长职务。至此，张晓东的创业生涯走上了高潮。回顾他的创业历程，虽然最初跌跌撞撞，最终却是一路狂奔。

创业优势：瞄准市场空白，一击即中

张晓东的公司出现转机是在调整了经营方向以后。刚开始公司的经营方向是做社交网站，但是这样的经营方向在当时的大连并没有多少优势，所以很快就失败了。所幸，张晓东是一个非常冷静、谨慎的人，他没有贸然选择别的项目，而是请人进行指导，然后调整了经营方向，主营电子商务全网渠道运营。

在北方，传统企业较多，虽然它们规模庞大，但经营方式相对落后，尤其是企业主的观念落后，对电子商务了解不多。很多企业主需要电子商务方面的服务，却没有意识到这一点。这就好比没有鞋穿的人根本就意识不到鞋的重要性，或者即便意识到了却不会做鞋。张晓东要做的就是为他们送上鞋，让他们穿上鞋后走得更快。电子商务运营的作用就好比这双鞋。

目前在大连提供这项服务的人还很少，市场有需求，但鲜少有人做，那么谁做了谁就有机会成功。张晓东就是瞄准了这个市场空白，及时调整经营方向，从而一击即中，转型成功。

每一家公司都应该有自己的优势，这些优势可能体现在价格上，可能体现在服务内容上，也可能体现在运营模式上，等等。优势可以让你迅速占领市场，从而从同类企业中脱颖而出。

创业定位：传统企业的互联网“推手”

张晓东的公司是互联网科技公司，但目前这样的公司很多，经营内容也会有雷同。比如他刚开始做社交网站时，同样在做社交网站的公司很多，现在多年过去了，事实证明成功的寥寥无几。之后调整了经营方向，专门为线下企业打造电子商务全网渠道运营，这个经营方向虽然在当时的中国不是很超前，但在当时的中国北方地区还是有很大的市场前景。

因此，调整了经营方向的张晓东也调整了自己的创业定位——成为为传统企业打造电子商务全网渠道运营的运营师，为他们提供包括品牌定位、品牌包装、网店店面设计、策划、品牌推广、销售等全套服务。通俗地说，就是成为企业的互联网“推手”，但这个“推手”不是“江湖郎中”，而是具有专业的态度和技术，为让一家企业成为同行业中的佼佼者提供一系列专业的互联网服务。

张晓东的定位非常清晰，然而这个定位是他一点点摸索出来的。从兼 14 份职到初创业的失败，都是摸索的过程，没有摸索的过程，他很难一次性定位成功。张晓东说，他很感谢曾经的兼职，他当初兼职不是盲目的，而是怀着创业的目的；他的创业也不是盲目的，而是需要提前规划、不断调整，创业不可能一步到位，然而这并不重要，重要的是需要找到自己的方向。

汪滔：居民楼里走出了生产无人驾驶飞机的“CEO”

毫无疑问，美国的苹果公司引领着当今世界技术创新的潮流，在中国也有这样一家可以与之媲美的公司，它就是大疆创新科技有限公司。这家公司主要生产无人驾驶飞机，它的产品看起来比苹果手机更高端。说起无人机，很多人都觉得它是少数专业人士的专利，普通消费者难以接触到，但是大疆公司却使它进入了众多普通消费者的生活。

如今，这家公司生产的消费级无人机已经占据了全球 70% 的市场份额。凭借生产无人机，大疆成为引领行业发展潮流的企业。然而，这家公司的领头人只是一位 30 多岁的青年。很多人说他是创业界的黑马，但只有他自己知道，他不是黑马，而是一匹勤奋、执着的骏马。从上大学时，这位“80 后”创业者就开始在自己住的居民楼里研究飞机，他以低调的姿态主导着全球的无人机革命。

他的产品虽然很高端，但他的起点与普通的创业者一样低。他从少年时就许下造飞机的梦想，到大学踉跄起步，从默默无闻到被业界熟知，这一切的动力来自他对无人机的狂热和对产品的执着打造。

创业人汪滔：在居民楼里开始自己的创业梦

30 多岁的汪滔，出生于浙江杭州，从小就喜欢飞机模型。由于家庭条件还不错，父亲默许了他这个“烧钱”的爱好，经常买一些飞机模型、遥控直升机给他玩。后来，汪滔考入了华东师范大学电子系，但是大学没上完就退学了，因为他想上更好的大学。当时的他很自负，向世界一流大学斯坦福大学和麻省理工学院都递了申请，但是都被拒绝了，最终只收到了来自香港科技大学的录取通知书。无奈的他只好到香港科技大学就读电子与计算机工程专业。

上大学后，他依然酷爱飞机，不过此时的他不再研究航模了，而是开始研究真飞机。大学毕业前夕准备毕业课题时，汪滔和两位同学说服了老师，同意他们将遥控直升机的飞行控制系统作为自己的毕业课题方向，因为让航模能够自由地悬停是他从小到大的梦想，他一定要把这项技术研究成功。

学校给了他们1.8万港元作为研究经费，汪滔和两个同学忙了大半年，然而在演示时没有成功，飞机从空中掉下来了，汪滔的毕业课题最终只得了一个“C”。他本来有机会到欧洲深造，可是这次失败让他失去了这次机会。

但是，一位教授却被汪滔这种执着的精神感动了，他推荐汪滔继续在香港科技大学读研究生。读书期间，不甘心失败的汪滔和曾经一起做毕业课题的两位同学开了一家公司——大疆创新科技有限公司，继续研究直升机飞行控制系统。大学毕业后，他们把公司搬到了深圳，公司的办公地点就在深圳的一栋旧居民楼里。这里条件虽然不好，但汪滔却很下功夫，经常熬夜研究到凌晨，他要在这里实现自己从小就树立的梦想，开启改变世界的创业之路。

创业模式：不停地打磨产品就是经营之道

汪滔一直认为，要想把企业经营好，主要是做出好产品，一家科技创新公司，只有做好产品才能赢得市场。

在公司起步阶段，汪滔是依靠在大学读书期间研发的直升机自主悬停系统模型赢得最初的一批客户的。当时市场上这样的模型售价是几万元钱，但汪滔研发的模型可以卖到 20 万元，由于当时没有几家公司能够采用自主悬停技术，所以大疆从创业起步阶段就领先于市场。

当时，用这种技术生产的无人机主要卖给大型国有企业，用来进行功能性展示，领导看完之后一般都会“束之高阁”。一段时间后，汪滔对这种商业模式有些不满意，因为他们要花很多时间拉拢、公关这样的客户，而这不是“技术男”汪滔愿意做的事情，他更愿意以产品吸引客户，而不是靠公关去求客户。更让汪滔担忧的是，虽然现在这款产品很赚钱，但是一旦满足于这种赚钱的方式，公司就不会花大力气去研发新产品，那么公司就很难做大做强。汪滔知道已经有很多科技公司陷入了这样的桎梏，他不能让大疆公司也陷入这样的境地。

汪滔决定对产品进行转型，不再做功能性太强的产品，而是要做实用性强的产品，目标客户定位于飞机模型爱好者，而且要把价格降下去，让众多的普通消费者都可以使用他的飞机模型。创业的第三年，这样的产品　　基于飞控技术的 Ace One，终于面世了。大疆公司生产的产品，价格不到两万元，远低于市场上同类产品的价格，产品优势领先于当时德国和美国的两大竞争对手。这款产品一上市就实现了热卖。

但是，此时的汪滔又不满足了，他认为这种主打飞控模块的创新只能赢得极小众的市场，他希望有更多的消费者能使用大疆的产品。于是，他决定再次改进产品，跟随技术扩张的路径进一步扩张市场版图。

当时市场的格局是这样的，高端市场由德国一家公司垄断，他们不屑于做低价无人机。低端市场出现了一些 DIY（手工制作）的无人机，但他们技术储备薄弱，无法把产品做得更好。而汪滔是想把高端产品卖得尽量便宜，他有这样的便利条件。深圳是全球模型类产品的主要产地，有非常完善的制造业链条和很低的生产成本，所以汪滔能够制造出性价比很高的产品。

多旋翼市场红火之后，很多人都在搞航拍。将产品成功转型之后，汪滔又有了新思考，能不能把飞控技术和无人机制造技术以及航拍结合起来，制造一款一体化的产品呢？于是，他又开始扩展更完整的技术能力——从零开始做自己的云台、相机和图像传输设备等。

在研制这些产品的过程中，汪滔非常注重产品的实用性和低门槛性，因为很多无人航空机器操作过于高端，很多普通的消费者不会操作。汪滔想，大疆一定要解决这个“痛点”，制造出真正面向普通消费者的产品。最终，他研制出了这样的产品——Phantom 系列产品。

在产品的研发上，汪滔始终没有停步，他认为产品是一个科技型企业的立身之本，没有过硬的产品，再好的运作方式也不可能使公司领先于同行。

正是基于这样的理念，大疆在资本运作方面并没有投入太多的精力。而且汪滔对投资者比较挑剔，从公司成立至今，大疆只接受了两轮融资，分别是在 2014 年 5 月和 2015 年 5 月，最近的一轮融资为 7500 万美元，是由美国著名创投机构 Accel Partners 领投的。

在宣传方面，大疆公司似乎更低调。作为公司的首席执行官和首席技术官，汪滔很少出现在公众面前，因为他觉得公众不需要关注他这个人，只需要关注他的产品就好，产品中有他一切想说的话。他还认为，现在有些企业热衷于炒作，过度宣传自己，这不是他认可的经商之道，他觉得那些是“商术”，而他要走的是“商道”。

如今，大疆公司已经依靠过硬的产品技术成功打入了美国市场，这是让汪滔很骄傲的事。

创业优势：用非专业无人驾驶飞行器甩开竞争对手

弗若斯特沙利文全球合伙人兼大中华区总裁王昕博士曾说："大疆的成功在于其开创了非专业无人驾驶飞行器（UAV）市场，在大疆之前，无人机都是应用在专业领域，产品专业化程度高，对操作要求门槛高，产品价格昂贵，导致无人机无法普及。大疆把无人机扩展到了普通消费者的层面，迅速地创造出了一个全新的市场，把其他的竞争对手都甩在了后面。"

在非专业无人驾驶飞行器推出之前，大疆的主要产品针对专业航拍市场，产品操作有难度，价格也比较贵。而且以当时大疆的技术，暂时无法在专业领域取得优势。于是，大疆推出了一款新产品——"精灵"。这款产品成本较低，不需要玩家自己组装就能随时起飞。大疆做这款产品主要是为了先于竞争对手进入低端机市场，防止竞争对手发起价格战。结果如汪滔所愿，这款产品最终打开了消费型无人机市场。

"精灵"面世后，以往需要专业人士才能完成的航拍技术，现在普通人也可以完成了，而且以前最少需要三个人——飞行、云台手、地勤保障，现在一个人买个 GoPro 相机就能够做航拍，用户只要掌握很少的技术就可以入门。这款产品问世后，逼得一些专业航拍团队失去了饭碗。而且"精灵"还在不断升级，目前"精灵 2"已经被淘汰了，在天猫旗舰店上只能看到"精灵 3"和"精灵 4"。

非专业无人驾驶飞行器为大疆赢得了更多的客户，很多原本不懂无人驾驶飞行器的人成了业余爱好者，而业余爱好者则成了主流用户。这一产品问世后，许多同类公司不得不纷纷转型追赶大疆公司的脚步。

创业定位：让更多的普通消费者成为无人机的用户

乔布斯曾经说："市场不需要调研，因为客户不知道他们要什么，直到你给他们想要的。"乔布斯的这句话和互联网思维所强调的"创造用户需求"其实是一个意思。用大疆的非专业无人驾驶飞行器来解释就是，普通的消费者以为无人驾驶飞行器这种高科技产品一定是专业人士才能玩，普通人要么不懂、要么消费不起，所以他们就自动放弃了这种需求。但是，汪滔就是要把他的无人驾驶飞行器卖给这些看似没有需求的消费者，让他们从不感兴趣到感兴趣，从买不起到买得起，并很容易就学会操作。

这样的愿景大概跟汪滔的经历有关。他从小就喜欢飞机航模、飞行器之类的东西，他希望有更多的人能和他一样喜欢这些产品，因为他觉得这些东西有意思，能给人带来快乐。所以，与其说汪滔在做生意，不如说他在与消费者分享快乐。

汪滔研发产品的路径就是其不断拓展消费者需求的过程。他最初研发的产品只能用于国有企业展示，后来研发的产品受众大多是飞机模型爱好者，再后来是大部分消费者都能接受的航拍无人机，受众越来越广，客户越来越多。

现在，无人机已经用于农业、建筑业和勘测等商业应用领域，无人机的市场空间将越来越大，而大疆公司的未来也会像它的名字一样更加宽广。

第6章

极速成长：充分发挥自身的优势快速成功

Easy business

西少爷：IT 男用“工匠精神”打造“爆款”肉夹馍

互联网思维与“工匠精神”结合已经不是个例，雕爷牛腩、黄太吉煎饼都是将互联网思维在餐饮领域运用得淋漓尽致的企业。此外，还有一种非常传统的小吃也打上了很强的互联网烙印，这就是“西少爷肉夹馍”。提到北京城的“西少爷肉夹馍”，人们就会想起店门前经常排着长长的队伍的情景，还有那 4 位玉树临风的“少爷”。

一种普通得不能再普通的小吃经过 4 位 IT“少爷”的打造，竟然变成了闻名全国、众人追捧的美味。“西少爷肉夹馍”这个名字好像也因此有了浓浓的故事色彩。但是，这个名字最有价值的不是它的故事色彩，而是它的估价。目前,“西少爷肉夹馍”这一品牌被估值4000万元！一种大街小巷都可以看到的小吃竟然有这么大的价值，这个价值是怎么被塑造出来的呢？当然要在它的创始人孟兵和他的合伙者身上找答案。

创业人孟兵：IT 男要辞职卖肉夹馍

孟兵，西安人，曾在百度公司任职的 IT 男。这位离家多年又忘不了家乡美食的西安人，因为厌倦了多年枯燥无味的 IT 生活，更因为想吃到可口的家乡美食，于是计划开一家西安的传统小吃店。他的想法和几个同样从事 IT 行业的同学一拍即合，于是他们决定开一家肉夹馍店，并取名“西少爷肉夹馍”。为什么叫“西少爷肉夹馍”呢？首先是因为他们几个确实是“少爷”；其次是因为这个名字有一种江湖武侠风，利于传播；更重要的是孟兵来自西安，肉夹馍是西安传统美食，而且孟兵和其他 3 位合伙人都曾在西安上大学，所以这个“西”字必不可少。

就这样，4 个有互联网从业背景的“少爷”辞了大公司的工作，租下了五道口一个十几平方米的小店。但是，他们并没有贸然开业，因为想要一炮打响，一定要做好充分的准备工作，从产品到宣传方案都要有所准备。于是，他们买面、买肉，反复试做、试吃，研究宣传方案，细节无一不准备好。经过一番折腾，2014 年 4 月 8 日，“西少爷肉夹馍”正式开业了！

创业模式：用“工匠精神”打造产品，用互联网思维营销产品

4 个有互联网从业背景的老板在“西少爷肉夹馍”的创业模式上肯定离不开互联网思维，比如在宣传方面就是这样。

现在这个时代，创业若想一炮打响，宣传一定要先行。因此，在开业之前，孟兵先在朋友圈发布了一篇情感真挚的文章——《我为什么要辞职去卖肉夹馍》。此文一发出立刻引起了众多人的关注和好奇——放着好好的大公司的白领不做，去卖肉夹馍，为什么呀？难道名企的工作不比卖小吃体面吗？文章被众多人阅读并疯狂转载。孟兵的朋友大多是 IT 界的，这样几乎整个 IT 界的人都知道 4 个原来的同行去卖肉夹馍了。这只是第一步——获得关注度。

接下来，孟兵他们又向消费者做出承诺：凡是在自己的朋友圈发布“西少爷肉夹馍”消息并得到一个赞的可以免费领取一份肉夹馍，在大众点评网上做出点评的同样可以。更重磅的消息是：他们将在开业的第一天免费送出 1200 个肉夹馍，但只限于在百度、腾讯、阿里巴巴……工作的员工。此消息一爆出便在消费者中间炸开了锅——为什么只送给 IT 界的员工？因为任何促销都是有限制的，这样做有两个好处：一是为了赢得 IT 界人士的好感，因为在他们的店周围互联网公司很多，以后他们将会成为“西少爷肉夹馍”最主要的顾客，当然也是为了向昔日的同行致敬；二是为了吊普通消费者的胃口，不送给他们，他们就更想吃，这也是“饥饿行销”。

于是，在开业这一天，盛况就出现了，排队免费领取肉夹馍的人络绎不绝，购买者更是纷至沓来，一条长长的队伍排了很久，这又起到了“活广告”的作用。一时间，“西少爷肉夹馍”热销，开业取得了成功。百度的员工为了支持昔日的同行，也为了感谢他们的免费赠送，特意组织了一次长跑活动，起点设在百度大厦，终点则是“西少爷肉夹馍”店。这次活动又为“西少爷肉夹馍”做了一次很有效果的宣传。

“西少爷肉夹馍”用宣传打开了在消费者中的知名度，赢得了第一批顾客。但是，要想获得长远的发展，光有宣传是不够的，还要有品质的支持。在打造产品的品质方面，“西少爷”发挥了“工匠精神”，他们主要是从以下这几个方面来做的。

第一，标准化。为了达到标准化制作，孟兵他们在开业之前就用掉了 5000 多斤面粉和 2000 多斤卤肉，一次次进行试验，把配料的用量精确到毫克。4 个“码农”出身的老板用标准化的公式计算用料的精确度和烘焙时间，最后终于达到了他们满意的“标准化”。

第二，机器化。量少容易做到标准化，量多就很难控制了。“西少爷”后来又开了 4 家连锁店，它是如何做到标准化的呢？靠人工当然不行。“西少爷”独立研发了工艺设备，让机器做到标准化，定时自动控制时间和温度，就和肯德基、麦当劳一样，最大限度地保证了食品的质量，同时加快了出品速度。

第三，流程化。制作做到标准化对于整个店的运转来说，只是其中一个环节，但更多的环节无法用机器代替，比如购买原材料、加工原材料、调制配料。要使这些环节也做到标准化，就要保证每一步操作都要按照流程来进行，这样才能保证最后一步——机器烤馍的标准化达到期望的效果。

第四，管理。无论多么标准化和机器化，整个店的运转还是需要人来操作，如果人的执行不到位，那么“标准化”和“机器化”就实现不了。所以，对人的管理也非常重要。从基层到管理层，每个人都得各司其职，把自己的工作做到位，严格按照操作要求和操作规范去执行，这样才能保证产品和整个店面的可控性。

通过这 4 步精心的操作，产品的质量就可以得到很好的控制了。我们可以看出，他们对产品的把控更像是传统企业“工匠精神”的做法。其实这也是“西少爷肉夹馍”的运作模式所强调的对产品的研发、制作按照传统企业的方法来操作，对产品的包装、推广、运营则按照互联网的思维来操作。这也符合其“传统餐饮 + 互联网思维”的定位。为此，“西少爷”的人才招聘也是分为两方面：互联网人才和传统人才，互联网人才主要负责线上活动，传统人才主要负责线下制作。

如今，“西少爷肉夹馍”已经开了 5 家分店，有 160 多名员工，但它的扩张步伐仍未停止。

创业优势：学科背景和从业背景成为独特的优势

谈到自己的创业优势，孟兵说道：“没有学科背景的支撑，西少爷肉夹馍店不会拿到令人羡慕的平效。”“西少爷肉夹馍”的平效已经达到了全球奢侈品第一品牌 Tiffany（蒂芙尼）的 4 倍，这不是靠运气，而是凭 4 位“少爷”的实力。

首先，理科出身的 4 个老板对产品的质量把控非常严苛。计算机专业学科背景使他们能够实现这种严苛，能够在产品质量的把控上真正做到标准化，他们可以用公式来计算各种用料的精确度和烘焙时间、烘焙温度等，但普通人做不到这一点。

其次，他们有着丰富的互联网从业背景。利用互联网宣传是他们的长项，也是他们的巨大优势。提前在互联网上造势，精准地在朋友圈营销，利用昔日同行为自己宣传，免费赠送获得关注和热销，这些互联网营销措施只有具备互联网从业经验的人才容易策划并完美实施。由于他们有这些从业背景，很快获得了来自昔日同行的第一批客户，这种优势是他们独有的。如果是普通人开肉夹馍店，做不到这两点。

因此，找到自己的创业优势并很好地利用它，就能使自己的创业以最快的速度获得成功。“西少爷肉夹馍”店是这方面的典范。

创业定位：打造具有互联网思维的肉夹馍外卖业务

现在，“西少爷肉夹馍”店已经有了 5 家分店、160 多位员工，它的发展速度像是滚雪球。在产品的生产上，“西少爷”一直是以肯德基和麦当劳的标准在要求自己，例如制作标准化、出品快速化。但“西少爷”的一些做法与肯德基、麦当劳又不同，肯德基和麦当劳没有实现线上运作，总的来说它们还是一个线下产品，而“西少爷”已经打上了很强的互联网烙印。虽然现在“西少爷”还没有开展网上的外卖业务（因为肉夹馍面皮干脆、肉松软，现做现吃才能感知其美味），但未来他们将会花大力气研究技术，争取实现在一定的时间内保持肉夹馍外焦里嫩的特点，到那时，他们将会发展网上外卖服务，实现线上、线下同时销售，真正践行 O2O 模式。

目前，孟兵和几位创始人已经走过了初创期，进入了和“西少爷”一同成长的全新阶段。未来，他们还会有许多挑战，他们需要学习在扩张中如何控制上游渠道商、如何管理分店以及用人，等等，他们从互联网到餐饮行业的跨界征程才刚刚开始。

哲哥小面：打造年轻人喜爱的“麻辣青春”小店

哲哥小面其实就是重庆小面。我们在很多地方都吃过重庆小面，很多人对这种面的印象是不难吃但也不十分惊艳。但是，哲哥小面却把重庆小面做成了大生意：它有时尚的店面形象、高格调的店铺装修、标准化的生产配送系统、科学的员工管理系统、整套的连锁体系、互联网思维的品牌推广策略。最终，哲哥小面成了餐饮 O2O 模式下中国小面的第一品牌，一个小面馆成了年轻人的时尚社交聚集地。

不过，哲哥小面最大的价值在于它为餐饮 O2O 连锁加盟摸索出了一条创新路，让哲哥小面的成功可以复制，让餐饮创业者可以用较少的投入、有效的管理，实现轻松创业。

创业人王喻哲：一个“吃货”的餐饮创业梦

哲哥本名王喻哲，在他的生活中有两件事一直是很重要，一是吃，二是创业。他在上大学时就开始学着创业，曾经开过音响店，虽然没挣到多少钱，但积累了一些创业经验。大学毕业后哲哥进入银行工作，一待就是 13 年。在这 13 年中，他始终没忘记创业，工作之余做过不少投资生意，虽然不怎么成功，但他并没有放弃创业梦想。哲哥一直在想，如果能做一个餐饮品牌，那就在圆了“吃货”梦的同时还圆了创业梦。

工作13年后，哲哥辞职来到了北京，在一家投资公司工作。在公司的两年多时间里，他接触了200多个项目，对资本市场运作有了更多了解。在这期间，他受到阿泰包子项目的启发，萌生了想做餐饮连锁加盟生意的想法。

2014年，哲哥彻底结束了打工生涯，开始寻找创业项目。他对重庆小面一直有很深的印象，于是到重庆考察了一个多月，去了60多家知名面馆，尝过200多碗面，最后选择了一个有18年做重庆小面经验的师傅学习。2015年，哲哥小面开始做内测和外测。这一年1月8日，哲哥小面北京双井店正式开始营业。

创业模式：餐饮连锁加盟的O2O模式

王喻哲的初衷是将哲哥小面发展成O2O连锁加盟品牌。哲哥小面从正式开业到发展加盟商只用了3个月，3个月后迅速成功发展到9个加盟商。一个刚刚成立仅3个月的小店，加盟商为何对它如此信任？我们来看看哲哥是怎么经营他的小店的。

1. 产品经营：不仅仅是“好吃＋好用”，还得有“功能＋情感”

在传统的经营方式中，好吃、好用的产品就是最好的产品。但是，在互联网时代，好产品的定义不仅仅是“好吃＋好用”，还得有“功能＋情感”。功能当然指的是好吃，情感则指的是产品要能够与用户产生连接，这包括餐厅的装饰风格、碗筷的品味、服务人员的态度等，即每个与用户产生接触的环节都要能与用户产生情感连接，让用户对整个品牌产生认同感。这叫“大产品”思维，不仅产品是产品，用户的体验也是产品。

当然，在产品的打造上，爆款也是少不了的。哲哥小面的爆品有4

款，最主要的两款是招牌豌杂面和冲天牛肉面，这 4 款爆品迅速帮哲哥小面打开了市场。此外，由中央厨房配送，通过微信点餐，整个餐厅的运转非常流畅。

2. 经营用户：了解用户，掌握用户数据，增强用户黏性

餐饮业传统的经营方式很在乎产品，不太在乎与消费者之间的关系。但是，在互联网时代，用户关系非常重要。哲哥说，要把用户捧在手心里，像对待情人那样对待客户。在互联网时代，一个品牌和用户之间有 3 种关系：交易关系、服务关系、社群关系。这 3 种关系若经营好了，就会使用户与品牌产生 3 种情感：接触、认可、信任。哲哥小面通过添加用户的微信号，再把他们拉到社群里，在社群里把用户从生人变成熟人，使用户对品牌产生黏性。同时，通过经营用户、了解用户、掌握用户数据，才能更好地制定经营策略。

3. 管理模式：把用户当成情人，把加盟商当成合伙人

哲哥说，要拿出追情人的热情去对待用户，其实他知道，最终很难做到。为什么呢？因为员工的执行力是递减的，高层管理者把用户当成情人，中层管理者可能只把用户当朋友，而基层员工可能只把用户当普通人了。所以，如果高层管理者把用户当普通人，那么基层员工对待用户的态度是什么样就可想而知了。所以，“把用户当情人”也是哲哥间接管理员工的方式。

在对合伙人和店长的管理上，哲哥学习了小米的合伙人制管理。合伙人一定要选择价值观相同的人，他们会把品牌的价值看得比自己的利益更重要，这样就能避免品牌做大以后可能会产生利益纠纷。所以，“价值观不同，再优秀我也不会要”是哲哥选择合伙人的标准。在对店长的管理上，每个店按照同一个财务模型制定同一个利润标准，多赚的钱全部归单店合伙人。这种合作方式虽然简单粗暴，却十分有效，因为店长

有了自我管理的动力。

哲哥还采用了 IT 系统化管理，比如用微信工作群进行产品的品质管理。他让每个店长每天把产品检查情况发到群里，还通过视频进行可视化管理，这样就减少了自己到现场管理的次数，也可以减少层层传达、执行不到位的情况。

4. 盈利模式：不租大店，连锁小店密布云集才是策略

哲哥认为，小面店要想盈利，就得先把成本降下来。一般情况下，餐厅的食材成本很难降下来，于是哲哥小面就把店面房租成本严格控制在总成本的 15% 以内。哲哥小面不租大店，小店密布云集才是它的策略，因为 O2O 餐饮的流量不仅来自线下，同时也来自线上，把线上流量也经营好，实体店面的流量才会上涨。现在，有很多平台都可以做线上流量，还可以利用 QQ 群、微信群等获得流量。

当以上这些工作全部做到位后，盈利就有保障了。哲哥小面双井店开业 3 个月后每天的营业额超过 3500 元，年盈利水平在 30 万元以上，而这家店全部的投资大概在 20 万—30 万元，也就是说一年就可以收回全部投资。

哲哥认为，这个盈利模式完全可以复制，因此在双井店开业 3 个月后，2015 年 4 月 1 日，哲哥小面推出了连锁加盟项目，4 月、5 月共签约 12 家，最终成功开店的有 9 家。

那么，该如何管理加盟商呢？哲哥认为，加盟商是重要的合作伙伴，品牌是自己与加盟商一起做起来的，因此必须扶植加盟商成长，这样品牌才能更好地成长。由于加盟商最大的烦恼可能是选址，因此哲哥会给他们很大的帮助，没有合适的地方可以暂时不开店，也可以随时退还加盟费。哲哥不会为了挣加盟费就允许加盟商随意开店，同时会全程指导加盟商的经营，让加盟商无后顾之忧，轻松开店。

以往的餐饮加盟连锁店是用传统的经营方式经营，而哲哥小面是用 O2O 模式经营，它是餐饮业 O2O 加盟市场的探索者和先驱者。

创业优势：用“整合思维”创造自己的竞争优势

有人问哲哥，为什么你可以在 7 个月之内就在全国拥有了 9 家连锁店，这样的速度、这样令人咋舌的成功是怎么做到的？这个问题回答起来既简单又复杂，因为哲哥没有用卖面条的思维来卖面条，或者说他不仅仅是用卖面条的思维来卖面条，还用金融的思维、互联网的思维、餐饮的思维、投资的思维、科技产品的思维等来卖面条。他认为在现代社会，用单一的思维根本管理不好企业，也无法经营好品牌。制作产品、经营用户、管理员工、营销宣传……都需要用不同的思维，他必须整合自己的思维、整合各种资源，综合运用才能经营好这个企业和品牌。

哲哥有 13 年银行工作的经历，也有投资公司工作的经历。同时，他还善于向他人学习，比如他管理员工的制度就是向小米学的。不断向高人学习，然后把好的管理理念执行到位，就会产生好的效应。一个优秀的创业者就应该具备这样的能力，有理想、有学习能力、有执行力，这样才可以让想法变成现实。

所以，哲哥说，卖面条绝不只是卖面条那么简单，你要把它当成一个很大的产品去做，用“大产品”的思维去运作，就会发现有许多事情可以做，也会发现有许多盈利点。

创业定位：年轻人喜欢的“麻辣青春”小店

在店铺的定位上，哲哥小面想要打造出一种“麻辣青春”的感觉。重庆小面吃起来火辣、热情，这种感觉很像每个人的青春，既热情洋溢又带着叛逆。因此，在店铺的装修上，它用简约的材料做出当下流行的工业混搭风格。顾客走进店面就会看到一个极喜庆的娃娃抱着一条大红鲤鱼，年年有余的吉祥气氛与重庆小面的火辣、热情相得益彰。

那么，这种装修风格能不能受到年轻人的喜欢呢？哲哥经过调查发现，来用餐的人中有80%都是1988年到1992年出生的年轻人，这和他的预期一样，“麻辣青春”小店受到了年轻一族的喜欢。但是，这样的装修风格未必会受到六七十年代出生的人喜欢，有部分“70后”客户就感觉这个店像是没装修完。

哲哥并不介意他们的这种看法，因为一家店不可能让所有人喜欢，他只要做到让自己的核心客户群满意就可以了，拿出对待情人的热情对待自己的核心客户，就一定会打动他们。哲哥小面赋予了重庆小面全新的时代活力，来到这里，你享受到的不仅仅是一款美食，同时还有美好的生活。

水煮鱼皇后：变身“网红”后好创业

所谓“酒香也怕巷子深”，在“粉丝经济”时代，很多时候要先“红”起来才能更好地创业，这或许就是“网红”诞生的原因。创业者先拥有人气然后带动产品热销，这几乎成了一种营销手段。有人反感这种手段，认为这是一种“炒作”；有人赞同这样的手段，认为这不过是商业社会很正常的一种营销方式而已，就像为产品做广告一样，只不过，从某种程度上说人也可以成为“商品”，经过适度包装更快地被人们所认同，以此带来对其产品的关注和认同。

有这样一位女士，自称“水煮鱼皇后”，网友们封她为“淘宝第一美女”。由于参加了一档淘宝举办的活动，她被网友熟知。无论她是有心炒作还是无心包装，总之她“红”了。然而，随后更加受人关注的并不是她本人，而是她越做越大的事业。

创业人李叶：爱吃水煮鱼的淘宝店主

“水煮鱼皇后”，浙江人，本名李叶，“水煮鱼皇后”是她的网名，因为她很喜欢吃水煮鱼而得名。她的父亲是商人，因此受家庭熏陶，她也具有一定的商业细胞。她酷爱网购，高三时拥有了自己的淘宝店，但因课业繁重基本没有打理过。

上大学后她开始打理自己的淘宝店，主营韩国校服、小饰品、化妆品、钱包等，但好几个月无人问津。过了很久她才有了第一单生意，虽然交易额只有 195 元，但给了她很大的信心。从此，她开始慢慢经营自己的淘宝店，生意渐渐有了起色，一年左右成为两钻卖家。然而，她的事业真正转机是在参加了淘宝举办的一次活动以后。在那次活动中，她以自创的节目赢得了很多人关注，节目视频在网上广为传播，她火遍了互联网。之后，她的事业风生水起。

创业模式：“粉丝经济时代”的“网红”创业

开淘宝店，靠诚信和优质的产品固然是稳妥的经营之道，但要想在数以万计的淘宝店中脱颖而出，只靠这两点还不够，因为这些很多人都能做到，所以必须有更加独特的经营方式。其实，开淘宝店点击率很重要，关注率上去了成交量就会增加。李叶的店点击率激增是在她参加了一次淘宝举办的活动以后。

2007 年，李叶参加淘宝平台举办的创意大赛，在活动上她表演了自创的短剧《水煮鱼的淘气生活——带你走进一个淘宝女生的真实生活》。在这个节目中，李叶以风趣幽默的故事、轻松的表演以及青春靓丽的形象获得了不少好评。活动结束后，节目视频在互联网上传播，受到了众多网友的关注和热捧。李叶迅速在各大网站上蹿红，被网友们封为“淘宝第一美女”。之后，李叶在星巴克喝咖啡时又被互联网知名人士“十年”抓拍，照片被放到网上后又引起了网友们新一轮热捧。至此，李叶成了一位名副其实的“网红”。

虽然成为“网红”并不在李叶的意料之中，但给她的淘宝生意带来了实质性的帮助。网友们开始由关注她而关注她的淘宝店，她的淘宝店点击率迅速上升，成交量也逐日攀升。李叶绝不仅仅是靠“人气”来做生意，她店里的商品质量也很过硬，人气加上好的商品使她的淘宝店生意越来越好，很快就达到了 5 颗黄钻信用等级。

然而，李叶创业的脚步并未停止，她不满足于只卖衣服和饰品，而是将目光投向了高科技产品领域。经过一番努力，她获得了科沃斯地宝唯一授权淘宝网个人经销商的资格，开始销售更为高端、时尚的高科技电器产品，她的目标是每年的营业额达到 100 万元。

创业优势：自己就是最好的品牌

在创业中，我们会发现，产品再好也很难永远保持优势，因为只要竞争对手愿意投入，这个优势很快就会被取代。所以，要想保持绝对的竞争力，就要找到他人无法复制的优势。对于李叶来说，这个无法复制的优势就是她自己。

李叶被网友们封为“淘宝第一美女”，这可不是随便得来的，她的美貌绝对配得上这个称号。美女谁不喜欢，尤其是这个靠“颜值”吃饭的年代，冲着美女都要多买几件。而且李叶店里的大部分商品都是她亲自做模特，美女老板亲自秀自己的商品，关注率自然就更高了。再加上李叶本身就是“网红”，其微博、微信上早就聚集了一大批粉丝，她常常在这些平台上上传自己的照片、更新商品动态，不仅圈了一大批粉丝，也促成了一单又一单的生意。打开李叶的淘宝店或微博，无论你买不买东西，看着她秀商品，本身就是一种美的享受。何况她店里的商品无论款式还是质地都很不错，所以生意很好。

李叶在众多网友的心目中是智慧、美貌、财富的象征，这么美的女士还这样努力，自然成了大家羡慕的对象。由于她在网友中的知名度很高，因此她受到了一些媒体的关注，阿里巴巴、酷 6、土豆等多家媒体都争相报道她并邀请她做节目嘉宾。

这一切固然与李叶天生的一些优势有关，但何尝不是她努力经营自己的结果？有许多女士因为漂亮就觉得无须努力了，但李叶从来没有停下努力的脚步，她在网上的爆红不只是靠运气，更是靠自己的实力；她的淘宝店生意之所以那么好，不仅仅是因为她是个“网红”，更是因为她的商品足够好，她懂得经营。

创业定位：中高端的“韩风”服饰吸引年轻人的目光

李叶的淘宝店自始至终定位于中高端的“韩风”服饰。为了达到中高端这个定位，李叶除了进成品，还经常根据流行的款式、客户的喜好定做服装。在李叶的微博上，她经常晒出一些经典款式，然后问网友是否喜欢，如果大家喜欢，她就去进面料制作。所以，她店里的服装款式独特新颖、质量有保证，绝不是全网都卖的“平庸之作”。

李叶品味很高，她经常去国外旅行，考察国际流行的款式，一旦有新款就和网友们分享。这种“高大上”的风格与她淘宝店的定位一致，也加深了客户对她的淘宝店“中高端韩风服饰”定位的印象。此外，她的淘宝店的装修风格、照片的拍摄风格、商品的文字描述风格都给人一种“高大上”的感觉，这就使客户能够接受她店里商品的价格。而“韩风”是流行多年的服装风格，已经有很大的市场，所以，这样的定位一开始就很受客户欢迎。

未来，李叶还是会继续兢兢业业地经营好她的淘宝店，除了经营服装，还经营科沃斯地宝。虽然她的事业越做越大，但她认真开店、拼搏创业的精神永远不会改变。

薛之谦：靠写段子“曲线救国”的流行歌手

在20年前，你能想到并且接受齐秦、童安格等深情款款的歌手用一种浮夸的、近乎“神经质”的表情和样子讲段子吗？恐怕大多数人不能。然而，现在却有一位歌手摇身一变成了“段子手”，每天在自己的微博、采访和电视节目中“卖萌耍贱”。粉丝和观众非但不反感，反而还很喜欢他。

于是，这位已经被观众遗忘了多年的歌手靠讲段子摆脱了近10年的低迷，又重新回到了大家的视野中，他又可以唱歌了。大家对他的关注度持续上升，他的微博粉丝数直线上升，大家每天都要看一看他又发了什么好笑的段子，然后疯狂地追评。各大电视台纷纷邀请他上节目，有一段时间，你只要打开电视，各大卫视几乎都有他的身影。他用尽所能讲段子、搞笑，只要他上的电视节目，收视率似乎就有了保障。

创业人薛之谦：从歌手到“段子手”再到歌手的曲折路

2005年，薛之谦参加歌唱选秀节目《我型我秀》出道。当时这个节目很火，包括薛之谦在内的一些参赛选手人气都很高。2006年6月，薛之谦发行首张个人原创同名专辑《薛之谦》，反响不错，其主打歌《认真的雪》在 2007 年中国原创音乐流行榜上获得内地金曲奖并传唱一时。但是，之后薛之谦并没有大红，他的知名度也仅限于忠实《我型我秀》节目的粉丝和一部分年轻人。

2007 年 7 月，薛之谦发行了第二张个人原创专辑《你过得好吗》。2008 年 11 月，薛之谦又发行了第三张个人原创专辑《深深爱过你》。可惜，这两张专辑反响平平，而薛之谦这个名字也随着《我型我秀》节目火热效应的消退渐渐被人遗忘。2008—2014 年，薛之谦也陆续发行过几张专辑和几首单曲，可惜都石沉大海，没有激起多大的浪花。薛之谦这个名字除了一些“死忠”粉丝，几乎被人们遗忘了。

一直到 2015 年，互联网上突然爆出一条一个人在机场遛狗的微博，随后这条微博被众多网友转发，迅速火了。网友们纷纷追评，称这位博主写的微博实在是太搞笑了。这时，突然有人发现这不是歌手薛之谦吗？原来他是如此幽默搞笑，段子写得这样好！网友们的追捧使薛之谦受到了鼓励，他开始在微博上写段子，吃瓜、手机掉马桶、坐地铁等日常琐事都被他拿来编成段子，而且图文并茂，逗得粉丝们捧腹大笑。

由于这些段子被越来越多的粉丝转发，薛之谦的微博越来越热闹、越来越受关注，他的人气已经超过了参加《我型我秀》时期。这一切当然也受到了广告商们的注意，商家纷纷开始找他做广告。而薛之谦写软文的水平和他写段子的水平一样高，广告接的是天衣无缝，当你看着长长的段子忍俊不禁时，丝毫没有意识到这竟然是一则广告。

薛之谦又红了！由于他“逗逼”的性格和天生会讲段子的特点，刚好符合时下流行的综艺节目的需要，于是各大卫视纷纷来找他上节目。据不完全统计，从 2016 年 2 月至今，薛之谦上过的综艺节目有一二十个之多，几乎在所有比较火的综艺节目上都能看到薛之谦的身影。这位曾经自嘲已经沦落为“十八线艺人”的歌手靠写段子、当“谐星”重遇事业的“第二春”。但也有不少人对薛之谦提出质疑：“一个歌手不好好唱歌，天天搞笑‘耍贱’，到底是歌手还是‘段子手’？”追随薛之谦多年的粉丝们更是既期盼又担忧，期盼的是他又回来了，担忧的是还能在舞台上看到那个唱歌的薛之谦吗？

其实，这正是薛之谦走的“曲线救国”路线，他从来就没有忘记过自己的梦想——做一名出色的歌手。他讲段子、做“谐星”、使出浑身解数逗观众笑，无非是想引起更多人的关注。因为现在是“粉丝经济时代”、商业社会，有人关注，你才有市场价值，有市场价值才有人给你舞台唱歌，你的专辑才会有人买、歌才会有人听。薛之谦所有的行为都是为了唱歌而暂时使出的“权宜之计”，为了实现歌手的梦想，他不介意暂时做一名“段子手”。

事实确实是这样，他又有机会在一些舞台上唱歌了。再次出现在舞台上的薛之谦，演唱比以往任何时候都投入。人们发现，站在舞台上唱歌的那个薛之谦依然那么深情。而随着人们对他的关注，他的歌曲《丑八怪》《演员》《绅士》也流传开来。

创业模式：走“注意力经济”下的“曲线救国”路线

如果要问现在是什么时代？或许很多人会说应该是“注意力经济时代”。所谓粉丝效应、流量、关注度，无非都是“注意力”的另一种解释，有“注意力”就有一切。也可以说现在是“眼球经济时代”，大家的眼睛关注到哪里，哪里就会产生经济效益。薛之谦的经历很好地说明了这一点。

无论薛之谦写段子是刻意为之还是无心之作，客观上都带来了关注度，而关注度又为他带来了经济效益。据说，薛之谦的微博发一条广告价格高达 10 万元。这还是直接经济效益，间接经济效益更是无法计算：

人红了，节目活动不断邀约，歌也流传开来……薛之谦的收入和个人价值无从估算。

所以，说薛之谦创业的模式就是走“注意力经济”下的“曲线救国”路线一点不为过。当然，薛之谦隐忍多年不光是做“段子手”，他为了生存还开过火锅店、服装店，做这些无非是为了赚钱出唱片、拍 MV。

在大家都在追求“新鲜感”的时代，仅靠一两部作品被人一直记住的歌手越来越少，并非是歌手的水平不行，也不仅仅是没有好作品，而是时代变了，唱片行业的发展需要注入新鲜的元素。

薛之谦出道的 2005 年，刚好是中国数字音乐平台疯狂发展的时期，QQ 音乐、酷我音乐、虾米、天天动听相继成立，从此听歌再也不需要花钱了，随后唱片卖不动了，很多音乐制作公司纷纷关门，很多歌手也失去了立足之地。与薛之谦同时代的歌手很不幸，他们碰上了这个时代，因此失去了好的发展机遇。

在这样的大环境下，薛之谦必须走“曲线救国”路线，他做生意是为了赚钱出唱片，他写段子是为了获得大家的关注、得到重新唱歌的舞台和机会。为了实现自己的梦想，薛子谦一直在苦心经营自己。

创业优势：鲜有的不但会唱歌而且会写段子的歌手

薛之谦堪称歌手里最会写段子的，他说自己最初写段子是无心之作，纯粹是为了好玩儿，没想到会受到粉丝的热捧。但无论怎么说，这成了他的优势，而且是很大的优势，因为目前电视综艺节目盛行，每个电视台都需要这种会说段子、能搞笑的人。以往，中国演艺界很少有这样的人，虽然港台地区早就有这样的“综艺咖”，但大陆地区最近这几年也就出了像薛之谦和大张伟这样为数不多的几个人，因此他们两个人成了各大电视节目的“香饽饽”。而互联网时代又是“粉丝经济时代”，谁能引起粉丝的注意谁就是人才。毫无疑问，薛之谦做到了，他是这个时代、这股大潮中的成功者。

无论薛之谦最终能不能成为一流的歌手，但他早已收回了投资，写写段子就有广告商找上门来；在节目里搞搞笑，就有可观的出场费。在名和利两方面，薛之谦已经实现了双收。

每个人都有自身的优势，一位歌手唱得足够好是他的优势，会说段子也是他的优势。在如今这个时代，唱得不好固然不是好歌手，不会经营自己更不是好歌手，能直线到达目标固然很好，但若不能，走“曲线救国”路线也是很好的策略。

在薛之谦身上，我们也可以得出这样的结论——不会写段子的歌手不是好歌手。

创业定位：“做一个好歌手，这是我唯一的野心”

针对薛之谦疯狂地写段子，频繁地上各种综艺节目，有人不禁质疑：“薛之谦，你还记得你是歌手吗？”其实这一点，大家完全不用为他担心。薛之谦说：“我从来就没忘记自己歌手的身份，虽然写段子、上综艺节目也能为我带来可观的收入，但并不能让我得到满足，我想要做的是重回歌手的身份，让大家听到我唱歌，喜欢我的作品。无论我有多火，我都没有迷失自己的方向，我清晰地记得自己的目标——做一个好歌手，这是我唯一的野心。”

薛之谦上综艺节目极力搞笑，为的是做出节目效果，为的是换得 3 分钟唱歌的机会，在他看来前面 40 分钟的出镜环节都没有最后 3 分钟的唱歌环节重要。他说，只要能让他唱歌，让他干什么都行，他所做的一切都是为他的歌唱事业铺路。正是因为有着如此清晰的定位，薛之谦的事业路虽然走得很曲折，但方向始终是对的，而且也已经看到了可喜的结果。

2016 年 3 月，在酷音乐亚洲盛典颁奖典礼上，薛之谦凭借《演员》《一半》等歌曲获得多个奖项。薛之谦的音乐又回到了人们的视野。

御泥坊：农村青年用互联网优势改造传统民族品牌

十几年前，戴跃锋还是一位为生存发愁的农村青年，那时他的梦想仅仅是能留在长沙生活。然而，十几年后，他已经成了中国互联网第一面膜品牌“御泥坊”的掌门人。在互联网上，他打造的“御泥坊”品牌广为称颂；在商界，他的名字熠熠生辉。

从开咨询公司到倒卖二手手机、笔记本电脑，从不受“御泥坊”公司经理搭理到成为其代理商、合作伙伴和并购者，戴跃锋和他的团队为之付出的不仅仅是时间，更是智慧。就像他在参加《赢在中国》节目时说的那样：“我们要去的地方，不是我们要找的地方，而是我们要创造的地方。”

戴跃锋的一切都来自于创造。对他来说，创业不是一种寻找，而是一种创造。就像“御泥坊”这个品牌，从当初的名不见经传到如今的“中国互联网第一面膜品牌”，都是他和他的团队创造出来的。他的创业经历堪称一部商业传奇故事。

创业人戴跃锋：从农村走出来的“商界奇才”

戴跃锋，“80 后”，出生在农村，大学毕业后进入一家国有企业工作。当时的他很想留在长沙生活，然而一个月 800 元的工资让他这个梦想很苍白。于是，从小就爱倒腾生意的他开始想办法创业。

2005 年，他开了一家很小的咨询公司，但没什么业务。一个偶然的机会，他把自己的手机放到淘宝网上卖，居然卖掉了，而且还赚了钱！这让戴跃锋惊喜不已。他开始在网上卖二手手机，后来又在网上卖笔记本电脑，居然也卖得不错。戴跃锋第一次尝到了创业赚钱的滋味儿。

但是，这些小成就并不能让戴跃锋满足，他觉得这都是小打小闹，谈不上创业。2005 年 9 月，淘宝在杭州召开第一届网商大会，戴跃锋去参加了。这次大会让他大开眼界，他发现很多做大生意的人都有自己的品牌，而自己却没有品牌商品，所以永远做不大，他希望自己也能有一个品牌来经营。

2006 年 10 月，戴跃锋参加了湖南商盟淘宝卖家沟通会。在会上，他看到了“御泥坊”这个产品，并对它印象深刻。回来后他就做了调查，发现这个产品很不一般。“御泥坊”曾作为贡品上贡慈禧太后，在民国初期还远销到欧美和日本，至今半成品仍出口到日本、韩国等。戴跃锋觉得这是一个有故事、有历史、有市场基础的产品，应该可以大有可为。他想代理这个品牌的互联网销售，于是就去见御泥坊的老板。结果御泥坊的老板对他根本没有兴趣，连见都不愿意见他。后来，还是当地的一位官员出面，御泥坊才同意把互联网销售这一部分业务交给戴跃锋做。就这样，经过一番周折，戴跃锋终于拿下了御泥坊面膜在网上销售的代理权，并成立御家汇科技有限公司，主要经营御泥坊品牌。

经过几个月的筹备，戴跃锋的御泥坊淘宝店开业了。到了戴跃锋手里的御泥坊立刻大变样，他重新调整产品结构，将御泥坊重新包装，打造卖点，做了一系列品牌营销，打开了御泥坊的销售市场。2007 年 12 月 24 日，戴跃锋取得御泥坊代理权不过一年，御泥坊面膜就获得了 2007 年年度淘宝网化妆品终评榜最佳面膜奖，御泥坊的老板对戴跃锋心服口服。

御泥坊是个好品牌，但厂家并不会经营。2008 年 6 月 12 日，戴跃锋干脆并购了御泥坊品牌及加工基地，连御泥坊的生产也一举拿下，原御泥坊厂家的老板成了新公司负责生产的副总。

至此，戴跃锋及其团队全权接管了御泥坊的生产、销售、品牌等事宜。戴跃锋觉得，此时他的创业生涯才真正开始。

创业模式：品牌战略和营销战略双管齐下

在戴跃锋取得御泥坊代理权之前，他就对这个产品进行了深度的、全方位的研究。首先，这绝对是一个好产品，它有独特的原料配方和历史底蕴，这是它与众不同的地方，关键是怎么去经营这个品牌。之前御泥坊为什么一直销售得不好，戴跃锋认为，一是产品的价值没有被开发出来，二是销售渠道没有被打开，只要把这两点做好了，御泥坊一定会大放异彩。

那么，戴跃锋是怎么做的呢？

首先，他要调整产品结构。御泥坊原来只有 3 款产品，戴跃锋认为品种太少，他淘汰了一些质量好但不被市场认可的产品，重新开发出了 11 款新产品，包括抗辐射、消除疲劳、具有修复调理功效的网商面膜。

其次，他对御泥坊重新进行了品牌包装和宣传。一款名不见经传的产品怎样才能以最快的速度引起别人的注意？戴跃锋觉得最好的办法是“抱大腿”。2006 年淘宝化妆品年度评选活动中，世界知名品牌贝佳斯获得了“最佳面膜”称号。贝佳斯和御泥坊有一个共同点，那就是它们都是用矿物泥做的。有了这个共同点，御泥坊就和世界知名品牌联系了起来。这成了御泥坊的一个卖点。戴跃锋的品牌战略就从这里起步。

戴跃锋觉得，御泥坊是有独特的历史底蕴和文化内涵的一个品牌，可以在这方面大做文章。他在三个方面进行了深入挖掘：一、历史年代悠久。清朝光绪年间，以白泥为原料的香粉纸很受妇女的欢迎，连慈禧太后都非常喜欢，因此这种白泥当时被称为“御泥”。在民国初期，这种香粉纸曾远销欧美和日本。二、产品本身的独特性。滩头矿物泥浆是世界独有的矿体，其独有的美容效果，至今用现代化学技术无法仿制。三、民间流传的关于御泥坊的精彩故事。中华民族是最早利用泥石来防病、治病、美容的民族；白蛇传的故事也跟滩头泥有某种关系。以上三点成了御泥坊的三大卖点，把这些植入御泥坊的各种宣传中，大大提高了消费者对御泥坊的认知度和认同感。

经过品牌包装后的御泥坊不再是一款毫无特色的产品，而是一个具有多元价值的产品，对消费者的吸引力增加了不少。

品牌包装做好了，接下来就是怎么去营销。在淘宝开店前，戴跃锋就召开了新闻发布会。那时御泥坊还是一个默默无闻的品牌，很多人不解，为什么要在这个时候开新闻发布会，认为一个湘西小镇的企业在星级酒店召开新闻发布会，不是很烧钱吗？但是戴跃锋就要这样做，他认为现在是“酒香也怕巷子深”的时代，御泥坊不能悄无声息地出现，他要闹出点动静引起各方的关注。事实证明，这一招很管用，网店开业仅11天，交易额就突破10多万元，3个月内突破70万元，2008年底就已经升到了三皇冠的信誉级别。

戴跃锋在营销方面敢于砸钱，免费试用产品就不用说了，大规模的广告轰炸是一波接着一波。2008年，御泥坊投了150多万元用在淘宝上发布硬性广告，还有20多万元的推广费，之后又与湖南卫视进行了大量广告合作。

以前的御泥坊是个传统企业，不注重互联网销售和营销，线上销售一直没做起来。戴跃锋接手后就主要做网上销售，兼顾线下销售。传统企业和新兴电商的最大区别是，一个以产品为中心，另一个以消费者为中心。新兴电商主要根据消费者的需求定制个性化的产品，注重消费者之间的分享和“口碑”传播，这大大降低了企业开拓市场和培养品牌的成本，使一些中小企业可以在短时间内迅速超越行业老大。御泥坊也是这样做起来的。经过重新包装和多种渠道营销的御泥坊彻底打开了销路，2010 年，御泥坊的销售额猛增 10 倍，达到了 4000 多万元，成为淘宝销量第一的面膜品牌。

之后，戴跃锋又发展了互联网代理商，御泥坊从更多的商家手里传到了消费者手里。目前，淘宝上已经有上百家御泥坊代理商，其中包括 4 个皇冠的最高信誉卖家。

创业优势：天生的商业嗅觉 + 具有可操作性的品牌

御泥坊能够在戴跃锋的手里获得巨大成功，与戴跃锋天生的商业嗅觉分不开。他从小就喜欢做生意，上学时就捣鼓过不少小生意，对做生意天生敏感。取得御泥坊代理权之前，戴跃锋就认定这是一个有前途的品牌，一定能在互联网上打开销路。这首先说明他有极好的商业眼光。

取得代理权之后，戴跃锋知道怎么去经营它，一款好的产品碰到不会经营的人照样做不起来，御泥坊多年的不温不火就是证明。在关键的时候戴跃锋能够抓住商机，比如 2006 年，贝佳斯获得“淘宝化妆品年度最佳面膜”称号后，戴跃锋立刻做出“傍大款，着金装”的“抱大腿”策略，使御泥坊搭上世界知名品牌的顺风车迅速打开了知名度。一个个机会、一个个策略，有时看似是偶然为之，其实反映的是戴跃锋天生敏锐并练就多年的商业嗅觉，这是戴跃锋自身的本领。

御泥坊的成功除了与“领头羊”戴跃锋的自身优势分不开，也与御泥坊这个品牌自身的优势分不开。御泥坊本身就是一个操作性很强的品牌，这一点戴跃锋早就看出来了，这才是他一心要取得御泥坊代理权的原因。

这个产品有独特的原料配方、悠久的历史、流传多年的故事，经过历史检验，有很强的文化底蕴，这些都会形成御泥坊的价值。戴跃锋要做的就是把它的价值挖掘出来，获得消费者的认可。御泥坊这款产品具有巨大的潜藏价值，这是它本身具有的优势，这让它从同类产品中脱颖而出。这样的产品在戴跃锋手里经过多种方式的运营才能产生巨大的效应。

一位具有敏感的商业嗅觉的商人碰上了一款具有巨大潜藏价值的产品，怎么不爆发出巨大的能量呢？

创业定位：护肤界的小米——互联网科技企业

2014 年，御家汇实现了与小米公司的合作，“小米”手机创始人雷军旗下基金投资戴跃锋的御家汇科技有限公司，雷军出任御家汇公司的董事。其实在这之前就有好几家公司有意投资御家汇，但戴跃锋都没有接受。为什么这次他会选择“小米”呢？是因为戴跃锋的心中有一个目标，他希望御家汇能做成面膜行业的“小米”，他一直认为御家汇和小米公司的经营理念有许多相似之处。

比如戴跃锋对御家汇的定位是互联网科技企业，而不是传统的消费型企业；在宣传方面，初期经过广告轰炸之后，御家汇坚持采用互联网“口碑”营销，营销费用相对少很多。戴跃锋认为，通过消费者之间的分享进行口碑传播才是真正的互联网营销，这一点与小米公司的策略一致。

戴跃锋之前考虑过许多护肤品公司，但它们大多属于传统企业，不符合他的互联网思维。而“互联网 + 护肤品”的科技公司定位也正是雷军所看重的，只有御家汇是唯一从产品、销售、定位让雷军看好的互联网公司。

现在，御家汇旗下有御泥坊、花瑶花、师夷家、小迷糊 4 个自主护肤品牌和一家独立 B2C 商城。接下来，御家汇将推出可穿戴护肤设备，在未来，御家汇将致力于改变全球面膜的格局。现在，御泥坊是中国互联网最好的面膜企业之一，未来要成为世界上最好的面膜企业，向国际品牌贝佳斯挑战，这是戴跃锋的目标。

谢虎：退役军人通过口碑营销创立知名床垫品牌

俗话说“金杯银杯不如口碑”，对商家来说更是如此，要想让品牌产生顾客黏性，就需要在消费者心目中树立良好的形象，建立良好的口碑。而且新产品要想迅速打开市场、产生更大的品牌价值，还是要靠口碑，口口相传比任何广告都更有价值。

在这方面，珀兰床垫的运作方式堪称经典。它以“先以低价占领市场，再以超配提高竞争力”的运作模式迅速在消费者中建立起口碑，短短两年时间，一个新品牌成长为知名品牌，并由线上发展到线下，成为一线的家居品牌。

创业人谢虎：想做线下的创业者最终选择了走电商路

谢虎，退役军人，退役后下海经商做国际贸易。4 年后，他觉得这一行利润太低，于是转战国内市场。最初，他想做自己的品牌，建立线下团队，但尝试之后发现事情远没有自己想象得那么简单，自己的品牌没有知名度，很难打开市场。

随后谢虎又把目光转移到了互联网，想尝试做电商。但是，他对电商一窍不通。于是，他来到电商培训班学习，之后开始在网上开店。最初，他把行业老大林氏木业当作学习的榜样。林氏木业的策略是多开店、多品类经营，这样可以实现大规模引流。谢虎也试着做多品类，但最后发现根本行不通，全品类经营适合林氏这种行业老大，根本不适合他这种刚刚起步的不知名的小企业。于是，他决定改变策略，不再做全品类，只做床垫这一单品。至此，他终于确定了经营策略，全力以赴地经营珀兰床垫这一品牌。

创业模式：先占领市场，再提高竞争力；先发展线上，再占领线下

谢虎的创业模式值得大书特书，他的经营策略制定得“稳准狠”，以至于不到两个月时间，珀兰床垫店铺销售额就达到了三四百万元，很快就实现了床垫细分类目的第一名。这在电商销售史上也算是传奇。那么，它是怎么做到的呢?

第一步，以低价占领市场。珀兰床垫的价格均低于行业同等质量产品的平均价，别人卖1000元，珀兰床垫就卖900元甚至更低。有人觉得打价格战是低级的战术，但谢虎认为，用得巧妙往往也是很有效的策略。谢虎这样做的目的并不是为了打价格战而打价格战，而是获取用户和建立起初步的规模和自己的供应链条。要达到这样的目的，就必须打造“爆款”。珀兰床垫打造了一款月销上万件的“爆款”，很快打开了知名度。

但是，打价格战并不能构成竞争优势。如果别人拿质量差的产品和你打价格战，你是否也降低品质陪他玩呢?当然不能。这样做就会把自己拉下水。所以，低价也要优质，要让消费者充分感受到珀兰床垫的价值。

第二步，在“超配”中找到竞争力。在同样价格的产品中，珀兰床垫的配置比较高。比如如果消费者购买了床垫，谢虎就把商品直接送到客户家门口。珀兰床垫和德邦物流合作，实现了“点对点”的物流配送，客户还可以在天猫后台跟踪物流，如果是其他的小物流公司，价格虽然便宜，但无法实现订单跟踪。这在现在不算什么，最多算“标配”，但在当年绝对是“超配”。

“超配”虽然提高了珀兰床垫的竞争力，建立了好口碑，但是付出的成本也不小。普通的物流配送成本是 120 元，但德邦的“点对点”物流成本是 280 ~ 300 元。也就是说，珀兰床垫的配送成本增加了 150 ~ 200 元。所以，珀兰床垫虽然赚到了好口碑，但在前两年，真的没赚到多少利润。

第三步，在提价中让销量翻倍。占领了市场，也有了一定的竞争力和好口碑，接下来就是要赚取利润。赚取利润无非有两个途径，一是提高价格，二是提高销量。珀兰床垫一直是以低价赢得口碑的，当然不能贸然提价格，得找到合适的时机。2013 年 3 月，中央电视台曝光了北京市场上 87% 的床垫甲醛超标。原来，中国国内企业生产的床垫普遍使用一种椰棕的胶水原料，这种胶水有合成和天然两种，为了图便宜，大部分企业生产的床垫都使用合成胶水，这就造成了甲醛超标。这件事给了谢虎灵感，他决定借势提价。

他将胶水换成纯天然的，其他方面的材质也升级，然后提价 30%，宣传上主打“零甲醛”概念，并且给每一位消费者送一台 50 多元的甲醛检测仪。消费者可以用甲醛检测仪检测床垫中甲醛是否超标，也可以检测其他厂家的产品，这就增加了消费者对珀兰床垫的信任，也让他们能接受珀兰床垫提价这个事实。珀兰床垫通过这种做法，不但顺利提价，也确立了自己在消费者心目中的优势地位。这样，价格提高了，品牌信誉有了，销量也上去了，可谓“一箭三雕”。

通过这三步运作，珀兰床垫获得了市场竞争力，成为行业细分类目的老大，走电商路这一步成功了。但是，这并不是谢虎的终极目标，他是想让“珀兰”品牌资产最大化。由于做线下一直是他的理想，但刚开始由于品牌太弱没有成功，现在品牌强大了，他又想回到线下做，发展线下加盟店。

第四步，发展线下加盟商。为什么谢虎一定要发展线下业务呢？因为床垫品类是需要体验的，消费者需要坐一坐床垫才能真正放心。到目前为止，谢虎已经接触了 20 多个城市的经销商，佛山与长沙的体验店已经建起来了，效果不错，谢虎的目标是至少要发展 100 家加盟商。虽然绕了一大圈又回到了线下，但此时珀兰床垫的品牌价值和供应链的整合能力已今非昔比。

许多经营者把利益放在第一位，赚到了短期利益却无法实现长期收益，但谢虎着眼的是长期利益。只有先让消费者“占便宜”，创造良好的口碑，消费者才会心甘情愿地让你赚他的钱。

创业优势：用好“口碑”这把互联网营销“利器”赢得市场

用低价占领市场或用广告洗脑，都不如用消费者的口碑建立良好的形象。可以说，消费者的口碑才是有较高价值的广告。其他形式的广告都需要不断投入，但良好的口碑一旦建立起来只需维护好就可以了。从节省成本的角度来说，口碑是投入很小、效果很好的广告。

谢虎深知这一点，他非常懂得利用口碑为自己打造品牌优势。他运作的每一步都是为了建立口碑，先是“低价高质”，然后是“超值配送”，最后是“零甲醛”。他一步步赢得了消费者的信任，最终获得了良好的口碑。利用用户的好口碑建立的营销方式是他成功的“利器”，而且这把“利器”能发挥长远的效应。

为什么用户的口碑如此重要呢？第一，建立好口碑所用的成本低，且能产生长远效应。第二，它的宣传效果具有针对性和团队性。消费者向其他人介绍某个商品时，一定是因为对方是这个商品的潜在用户，而传统意义上的广告是“大喇叭式”的广而告之，听的人多，反馈的人少。而且口碑一旦建立起来，它产生的效应是一传十、十传百，就像“滚雪球”一样。

在互联网上，消费者往往不能直观地看到商品，更多的是靠其他消费者的评论赢得对该商品的信任，他们宁可相信一个陌生人的评价，也不会相信商家华丽的介绍。谢虎正是抓住了这一点，通过口碑营销提升了企业的形象，创造了品牌价值，获得了顾客的忠诚。口碑营销还有一个更大的好处，那就是不需要再和竞争对手“硬碰硬”，只需经营好口碑就可以一直保持优势。

创业定位：打造富有品牌文化感召力和独特消费感知的创新性品牌

“御梦而行，是一种信仰，珀兰床垫是一个植物世界的采集者，只为人类的梦想。以植物主义生态理念，为人类造梦，打造富有品牌文化感召力和独特消费感知的创新性品牌。”这是珀兰床垫的企业愿景。珀兰床垫是从以下几个途径来实现这个愿景的。

首先是品牌名称。珀，是简约、智慧的象征；兰，即兰花，在中国传统文化中，一直是圣洁、高雅的象征。那么“珀兰”的意思就是东方家居哲学理念与西方科技智慧的完美衔接，不得不说，这个名字充满文化气息。

其次是有独特消费感知的植物床垫。珀兰床垫是以全植物原材料生产制造，涵盖有机棉、天然椰棕、天然乳胶、玉米纤维、果实纤维、亚麻等 10 多种植物原料，具有全植物、零甲醛、护肌肤、身舒健、负离子、无菌螨等特点。

这样的床垫集科技与美学于一身，消费者享受到的不仅是健康、舒适的睡眠体验，更是时尚、精致的家居环境，具有品牌文化感召力和独特消费感知力。而且珀兰床垫还在不断创新，一次又一次超越消费者的期待，力求成为消费者心目中的第一家居品牌。

封帅："免费体验"迅速打开了相宜本草的知名度

相宜本草成立已经10多年了，近几年无论是互联网还是线下我们都可以看到这个名字，然而在前些年消费者对它还比较陌生。为何它在近几年才被消费者熟知呢？因为"好酒也怕巷子深"，虽然它的产品很好，但知名度并不高。为了改变这种现状，相宜本草展开了强大的互联网营销攻势，它采取的策略是"免费体验"。这一招打开了相宜本草的知名度。从此，一个优秀的化妆品品牌进入了更多人的视野。现在它已经成为中国国内本草类化妆品的先锋企业。

创业人封帅：来自中医药世家的继承者

封帅女士出身中医世家，其外祖父杨继田曾任冯玉祥将军的专用医师，封帅自小就受到家庭中医文化的熏陶。为了继承和发扬家族的传统事业，封帅于2000年创立了相宜本草品牌。封帅崇尚自然朴实、平衡健康的生活方式，因此，她将相宜本草的主打产品定位为天然本草类化妆品。但是，这么好的产品知名度并不高，与它的美誉度产生了强烈的反差。封帅经过研究发现，产品知名度不高的主要原因在于公司将大量资金投入到了产品的生产上，而对市场营销的投入远远不够。她知道这是很多传统企业的通病。

要想改变这种现状，就要加大市场宣传力度，同时也要改变相宜本草传统企业的定位。那么，怎样才能在短时间内迅速打开知名度呢？封帅和珀兰床垫的谢虎一样，也看中了口碑营销，只不过她选择的方式不同，她采用的是“免费体验”的方式。

创业模式：“免费试用”打开了口碑传播的入口

有研究公司做过调查，结果显示：消费者购买商品时，有近 80% 的人会先参考其他买家的评价。由此可见，经营好自己的品牌，获得用户的认可，由用户传播品牌是很重要的宣传方式。那么，怎样才能让用户认可品牌，并心甘情愿地宣传该品牌呢？在客户主动购买之前，封帅决定先免费让他们试用。

相宜本草选择的主要宣传平台是聚美优品。聚美优品是专门卖化妆品的网站，用户多为年轻人。他们的消费习惯和品牌习惯还没有形成，更能够接受新产品，有足够的热情去体验新鲜的东西。相宜本草需要的就是他们的热情。

首先，相宜本草将自己的产品设定了几款试用装，对试用装感兴趣的消费者可以申请免费试用。免费的东西总是充满了吸引力，许多年轻用户纷纷申请试用。他们试用过后，相宜本草会请他们做出评论。相宜本草的产品质量本来就很过硬，再加上它对用户进行了合理引导，用户自然会做出正面的评论。这样一来，充满美誉度的评论就会在网上传播，这在某种程度上提高了相宜本草的知名度。相宜本草还将大量的优质评论汇集起来传播到其他网站，好口碑就这样渐渐传播开来。相宜本草还会请一些具有一定人气的化妆品“达人”试用它的产品，然后请他们分享经验，他们的言论更有号召力。

免费试用后，相宜本草会组织销售和客服人员打电话回访试用者，并向他们邮寄相宜本草的会员杂志，此举是为了加深他们对相宜本草的认知度。其实，这些试用者就是潜在用户，有些试用者还因此成了相宜本草真正的客户，有的则成为相宜本草的会员。通过这种方式，相宜本草渐渐打开了销路。

做这么大力度的推广还远远不够，相宜本草还需要在全网打开知名度，还需要互联网整合营销传播。除了在聚美优品网上搞活动，相宜本草还联合其他门户网站进行大范围推广，并组织了各种线上、线下活动，利用短信平台对高校学生进行精准营销。通过这些策略，相宜本草在线上和线下有了广泛的知名度。

如今，相宜本草的年销售额以 50% 的速度在增长，其增长率远远超过同行业其他品牌。这是它善用互联网口碑营销的结果，而打开口碑传播入口的是免费体验。

创业优势：主打对女性充满吸引力的“天然中草药护肤品”

在全民追求健康的年代，无论任何产品，只要加上“天然”两个字，就能获得更多人的关注。而“中草药”是信奉中医的中国人所推崇的，所以相宜本草定位为“天然中草药护肤品”，自然对女性充满了吸引力。此外，相宜本草的创始人封帅女士出自中医世家，对研发本草系列的美容护肤品一向很有心得，经她手研制出的相宜本草护肤品更有说服力。这样的产品当然会获得消费者的广泛认同。市场上打着“中草药”之名销售的护肤品很多，但真正好用的为数不多，相宜本草是这些为数不多的“天然中草药护肤品”中的佼佼者。

现在，相宜本草已成为国内生产和销售本草类化妆品的领军企业，得到了“本草护肤专家”的美誉，这个民族品牌以其独有的优势屹立于众多化妆品品牌之林。

创业定位：中低档的现代中草药护肤品

当初，相宜本草之所以选择聚美优品这个平台推广，主要是因为聚美优品的主要用户群和相宜本草的消费者定位基本一致，都是有知识、有内涵、追求品质但经济实力相对不高的年轻女性。相宜本草的产品也定位于中低档的现代中草药护肤品，价格不高，初入社会的年轻人能够接受，但产品的品质不错。

如今，化妆品品牌很多，但中低端的知名品牌并不多，相似的产品中欧莱雅、资生堂、李医生都是走中高端路线。作为后起之秀，相宜本草应该和其他几个品牌有所区别，瞄准更细分的市场——追求生活品质的女性朋友很多，但经济实力较强的女性相对较少，相宜本草就是瞄准了这个细分的市场，为她们“量身定制”，在中低档护肤品中，相宜本草算得上是物超所值。

没有任何一款产品能满足所有人的需求，因此，定位越精准，产品越容易脱颖而出。很多时候，细分市场就能创造机会。相宜本草瞄准的就是收入不高但品位不低的年轻女性群体。

轻创业
Easy
business

第7章

微创新之美：做足细微处，凸显核心竞争力

Easy business

黄太吉煎饼：传统“土小吃”也需要“高大上”

说起煎饼果子，我们就会想起早晨路边的小吃摊，上班族们买上一个热气腾腾的煎饼果子，然后一边吃一边匆匆忙忙去上班。很难想到会有人坐在装饰典雅的店里，听着流行音乐、喝着饮料、优雅地吃煎饼果子。但是，在北京，有人就开了这样一家煎饼果子店——黄太吉煎饼，在这个店里吃煎饼，感觉就和在星巴克喝咖啡一样。只不过，“星巴克”更加“高大上”，而“黄太吉煎饼”更接地气一点。

“黄太吉煎饼”的成功除了用互联网思维经营传统小吃外，也是微创新的结果——干净优雅的环境、精心的店面设计、一系列和煎饼果子有关的食品、一波又一波出入店铺的时尚白领，你都怀疑，这不像是在吃煎饼果子，这更像是在吃西餐。

创业人赫畅：时尚青年要卖“土”煎饼果子

2004年，赫畅从国外回国在百度做设计工作，这是他的第一份工作。后来他在去哪儿网做过用户总监，也在谷歌做过品牌和用户管理。2009年，赫畅开始创业，成立了一家广告公司，这家公司经营得不错，他曾做到全球最年轻的 4A 级广告公司创办合伙人，当时他只有 27 岁。但是，即便是事业有成，赫畅仍然不满足，他想做餐饮，而且想卖煎饼果子。

放着“高大上”的广告公司不开，要卖煎饼果子，赫畅究竟是怎么想的？因为赫畅是个“吃货”，而且做饭也不错，爱吃又会做饭的他很早就想开一家餐馆。但是，中餐种类那么多，具体做什么呢？他想到了肯德基和麦当劳，这种洋快餐能长期在中国发展得这样好，和它简单的操作模式有很大的关系。比如汉堡，两片面包夹点菜和肉就可以吃了，而且夹什么可以随意变化，既能够实现标准化操作又可以不断变化，无论是食品的制作还是餐厅的运转相对来说都简单得多。而做中餐就复杂多了，要想好吃全靠大厨，但大厨往往无法实现标准化操作，很难保持口味一致和永远好吃。那么，能否在中餐中找到类似肯德基和麦当劳那种既可以实现标准化操作又可以不断拓展口味的食品呢？他想到了煎饼果子。

朋友们听说他要卖煎饼果子都很吃惊，在他们看来赫畅是一个时尚、有品位的人，居然要卖这么“土”的传统小吃。但赫畅说，虽然煎饼果子是传统小吃，但并不“土”，就算是“土”，他也要把它卖成既新潮又“高大上”的食品。于是，经过一番准备之后，赫畅的煎饼果子店——“黄太吉煎饼”开业了。

创业模式：互联网经济下的体验式消费

“黄太吉”是怎么把自己的目标客户吸引来的呢？毕竟让白领们突然接受“高大上”的煎饼果子也不是一件容易的事。这就要说到“黄太吉”的营销模式。赫畅是互联网领域出身的老板，在营销上他当然会利用自身的优势——客户体验。

为了更准确地得知顾客的感受，食客可以先到“黄太吉”试吃，之后到“黄太吉”推出的互联网测试上进行反馈，“黄太吉”会根据食客的反馈来调整食品的口味。这样做，一是可以准确得知顾客的反馈，二是可以趁机宣传。

“黄太吉”店里为何装饰得那么漂亮？是为了让人分享，漂亮、好玩就会有人拍照，拍了照之后就会发到微信、微博上，等于给“黄太吉”做免费宣传。赫畅也经常在微博上与网友们互动聊天，了解他们对“黄太吉煎饼”的感受，并时不时地发一两篇长微博，吸引粉丝们关注“黄太吉”。

赫畅还经常制造话题性的事件。比如他曾开自己的奔驰车去送外卖，本来是无心之举，结果成了网友们热议的话题——“黄太吉煎饼店老板开奔驰车送外卖”。既然网友们这样关注，赫畅干脆就拿这个事件来营销，故意开着奔驰车去送外卖，结果被很多消费者拍照上传到互联网上，“黄太吉煎饼”因此又得到了一次很有效的营销。

除了互联网营销，“黄太吉”还有其他各种各样的营销手段，比如有趣的广告语：“在这里，吃煎饼、喝豆腐脑思考人生。”遇到节庆时节，“黄太吉煎饼店”还会推出各种有趣的活动，如儿童节店员COSPLAY（动漫真人秀），顾客戴红领巾入店用餐则送煎饼果子，端午节啃猪蹄活动，父亲节“带老爸来吃煎饼”。一个煎饼果子被赫畅玩出了这么多花样，怎么可能不火？

所以，“黄太吉煎饼”开店一年，就有了500多万元的流水，被风投估价4000万元人民币。

创业优势：传统小吃的经典改造和互联网思维带来的营销优势

赫畅在谈到“黄太吉”成功的秘诀时说，“黄太吉”的优势第一在于产品优势，第二在于互联网思维。

首先，“黄太吉煎饼”是经过改良后的传统小吃，完全摆脱了“土”的感觉。一般的煎饼果子中间的果子是一层“薄脆”，但“黄太吉”煎饼中间的果子是用无明矾现炸的油条，因为正宗的煎饼果子就是夹油条的。除了煎饼果子，“黄太吉煎饼”还有豆浆、豆腐脑、东北卷饼、麻辣烫、四川凉面、秘制猪蹄、南瓜羹和紫薯芋头，这一系列产品有主食、饮料、甜品，已经不是人们印象中那种单调的煎饼果子了。顾客在这样一家有格调的店里吃着这样的食品，很难把它跟“土煎饼”联系到一起。所以，很多白领纷纷到这里就餐。为了方便顾客用餐，“黄太吉”把营业时间定为早上 7 点到夜里 2 点半，而且晚上也可以送外卖，用“黄太吉”的宣传口号说就是“夜的黑，我们懂”。

其次，赫畅具备很强的互联网营销优势。这得益于他的经历，他曾在几家互联网企业从事过高管工作，自己又曾经创办过广告公司，对营销尤其是互联网营销非常在行。他说，不敢说自己是餐饮行业最懂互联网营销的人，但一定是煎饼果子行业最懂互联网营销的人，在这个领域他是最强的。

赫畅认为，互联网的主要特点是创造需求而不是迎合需求，比如说没有搜索的时候，大家并没有觉得自己需要搜索，而当有了搜索以后，大家才发现原来搜索给我们的生活带来这么多的方便和好处。他创造“黄太吉煎饼”也是采用这样的思路。在这个事物没有出现之前，大家会觉得自己不是很喜欢或很需要吃煎饼果子，也不需要到这么隆重的地方去吃这种食品。但是，当他品尝过“黄太吉煎饼”以后，才发现原来这个食品这么好吃，这种吃法自己很喜欢，还需要一吃再吃。这就是“创造需求”。如果每一个创业者都能够创造需求而不仅仅是迎合需求，那么他在任何时候都能找到创业的机会。

另外，赫畅本身就是年轻人，他比较了解时下年轻人的消费口味和消费需求，也知道用什么方式与他们沟通并赢得他们的关注，所以“黄太吉煎饼”才能够成功。但赫畅并没有因此扬扬自得，他还在摸索，希望摸索出一套将传统企业与互联网思维结合得更加完美的思路。

创业定位：充满“文艺酷”范儿的煎饼果子店

赫畅的煎饼果子主要卖给哪些客户呢？难道也是卖给早上匆匆忙忙赶路的上班族吗？这不是赫畅对“黄太吉”的主要定位，他要将煎饼果子卖给经常出入高档写字楼的白领们。

对于这样的定位，赫畅最初也有不少担心：按常规来说豆浆、油条、煎饼果子都是早餐，大家会从早到晚都来光顾自己的店吗？在大家的印象中，煎饼果子是很便宜的食品，但自己卖的煎饼果子要贵得多，消费者能接受这样的价格吗？路边摊食品被升级换代搬到了大雅之堂，讲究情调的小资白领们会接受这种形式吗？

为了吸引小资白领们接受他的煎饼果子，赫畅按照“文艺酷”范儿来打造他的店。他的店面并没有选在繁华中心地带，而是一个相对冷清的地方；店面装修得非常时尚高雅，风格有点类似港式茶餐厅，店面的各个角落摆上各式各样的盆景和世界各地的新奇玩意儿；店面中不停地播放流行、爵士、蓝调等音乐。总之，这里充满了“文艺酷”范儿。

什么是“文艺酷”范儿呢？赫畅是这样定义的：

文艺就是用细腻的情感、慢一点的节奏、轻柔的感觉把小事做到极致。这个极致包括产品、环境、营销、附加值等，透露出一种文艺的感觉。这符合小资白领追求情调和生活品味的自我定位。

“酷”就是把一件很无聊的事情做得非常有意思。在大家的心目中，吃煎饼原本是一件很不浪漫的事情，路边卖的煎饼甚至是一种不够健康的食品。但就是这样一种没意思、大家对它不会有什么期待的食品，经过赫畅的打造却完全变样了：煎饼不仅可以坐在干净、浪漫的环境里吃，还可以开着跑车卖，这简直太酷了！对时下的年轻人来说，一切有意思的事情对他们来说就是“很酷”。

经过包装，充满“文艺酷”范儿的煎饼早就不是昔日大家印象中的煎饼，当小资白领们看到这样的煎饼时，立刻按捺不住自己的食欲，而赫畅的担忧也随之消失了。

“土”煎饼在赫畅手里走的却是文艺范儿、高档范儿、国际范儿，难怪那些喝星巴克咖啡的小资白领都跑过来了，因为这个店有与众不同的格调，符合他们的情调。

阿拉迪小切糕：传统西部美食的“微创新”

提到切糕，你可能会想起街上新疆的朋友推着小推车出售的大切糕，里面有核桃仁、葡萄干、芝麻、玉米饴等原料，非常丰富、好吃。的确，这款新疆当地人非常推崇的美食就像西安的肉夹馍、上海的小笼包一样存在了很多年，却不像肉夹馍和小笼包那样有那么多的受众，真正接受切糕的人并不多。

由于这种情况，有一位小伙子决定把这款美食发扬光大，让更多的人知道它、喜欢它。为此，他把大切糕进行了改良：从大变小，从“裸体”到“穿上衣服”，从美味到更美味……

经过改良后的切糕更精致、更好吃、更有档次，它的价值有了很大的提升，当然，也有了更大的市场空间。从此，市场上多了一款“小而美”的食品——阿拉迪小切糕。

创业人刘思源："小鲜肉"爱上"小切糕"

刘思源，一个普通的大学生，长得挺帅，同学们都叫他"小鲜肉"。2012年，他在互联网上看到这样一则新闻：长沙理工大学的一名大学生在互联网上卖切糕，生意非常红火，被网友称为"切糕王子"，凭借卖切糕，这位大学生成了创业界的小明星。这则新闻吸引了刘思源的注意，他见过切糕，很多地方都有卖，不是很好做的生意，但为什么这位大学生能做得那么好呢?

刘思源是个创业达人，在大学读书时就已经开了好几个小公司，虽然年纪轻轻，但商业嗅觉已经非常灵敏，他感觉到这个"切糕王子"的生意里应该有商机。于是，他通过各种渠道联系上了"切糕王子"。"切糕王子"听说他对切糕生意很感兴趣，建议他去中国西部走走，因为那里才是切糕的发源地。

2013年寒假和暑假，刘思源去了两次西部的大城市，到那里考察切糕的制作方法和市场。一切都摸清之后，他打定主意要卖切糕。他和4个伙伴成立了湖北襄阳阿拉迪食品科技开发公司，在网上卖起了切糕，但他卖的不是市面上流行的那种大切糕，而是"小切糕"。

创业模式：在新时代，传统美食也要"穿新装"

刘思源去西部考察的时候就一直在思考，切糕是西北地区的传统美食，在当地很受欢迎，全国各地也都有卖切糕的，但似乎并未受到太多关注，并没有在全国打开市场。

通过观察和对一些消费者的调查，刘思源找到了一些原因，很多卖切糕的人都是做上很大一份然后沿街叫卖，谁要就切一小块，首先给人的感觉是不够卫生，其次是不够精致，从视觉上就让人失去了吃的欲望。尤其是对现在的年轻人来说，这种"十年如一日不改变"的传统食品无法让他们产生兴趣。

因此，刘思源认为，一定要对切糕进行创新。首先，要从形式上改变它。他把大切糕变成了小切糕，改小、切薄，然后用精美的包装纸包起来。其次，他对小切糕口味也进行了提升。传统的切糕比较甜，而现在的消费者更讲究天然、健康、营养，因此，刘思源降低了切糕中糖的含量，增加了果仁的含量，使切糕的味道稍淡一些。最终的切糕成品是：每块 10 克左右，真空小包装，既干净又卫生。

从准备卖切糕到小切糕完全研发成功，整整经历了 3 年时间，但一上市立刻就吸引了 40 多位来自全国各地的微商代理加盟。现在，阿拉迪小切糕采取的销售渠道是“淘宝 + 苏宁网店 + 代理商”，主打线上营销。小切糕刚刚上市不久，就以精致的外观、可口的味道吸引了不少顾客。

创业优势：“微创新”成为小切糕的最大卖点

阿拉迪小切糕的卖点是什么？就是“微创新”。其实，它只是把大切糕变成了小切糕，把没有包装的切糕变成了有精致包装的切糕，把传统口味变成了更适合当下消费者的口味，把沿街出售变成了互联网平台出售。也就是说，从形式到内容再到销售渠道，小切糕都进行了创新或改良。

这会带给消费者什么感觉呢？吃过大切糕的人会觉得：“哦，切糕也可以这样吃，比以前更精致、卫生了。”而没吃过切糕的人会觉得这是一款新的食品，我得尝尝。所以，它不需要像一款全新的商品那样完全从零开始培养市场，照样可以吸引新的消费者。

同时，小切糕的包装确实很吸引人，它符合当下年轻人的审美，是一款既好看又好吃的食品。这款食品不仅得到了众多消费者的认可，也得到了很多专业人士的认可。2015 年，在湖北农村青年电商创业大赛中，阿拉迪小切糕凭借出色的创意和可口的味道获得了评委们的青睐，拿下了初创组的第一名。

创业定位：都市男女喜欢吃的流行小食品

经过创新后的小切糕不会再是人们走在街上拿在手里吃的那种平常食品，它的档次提升了，成了都市男女喜欢吃的流行小食品，它会出现在白领们的办公桌上、床头柜上、朋友圈里。当然，它的价格也提升了，一盒 39.8 元，从售价来说，它也不再是普通食品。

刘思源之所以改良小切糕，就是希望这样一款存在了很多年的食品能被更多人喜欢、能有更大的市场，他希望小切糕将来能像大白兔奶糖那样进入千家万户，成为众多消费者的手边零食。

Papi 酱：靠内容创意，爱吐槽的妹子成为“网红”

Papi 酱是谁？一些不太关注互联网的人可能不了解，她在不到一年的时间里，以辛辣、幽默的口才很快聚集了上千万粉丝。她那句结束语令大家印象深刻：“我是 Papi 酱，一个集美貌和才华于一身的女子。”无论这是她自嘲、自信还是调侃，总之，大家记住了这个语速很快、喜欢吐槽、身边的家常事都能拿来闲侃的秀气的妹子。

如果说王思聪是“精英网红”的代表人物，那么 Papi 酱就是“草根网红”的代表人物。Papi 酱的爆红说明在互联网领域没有什么是不可能的，也说明了互联网领域瞬息万变，当然也说明网友们对互联网内容的需求永无止境。谁能在内容方面推陈出新，谁就能抓住受众成为下一个

“网红”。

Papi 酱最令人关注的是她的盈利模式。2016 年 3 月，Papi 酱所在的公司获得投资团体 1200 万元的风险投资。不久，她又获得了 2200 万元的广告处女秀拍卖。现在，这位“草根网红”拥有个人微博粉丝近 2000 万人，首次直播观看人次超过 7400 万，Papi 酱已经成为真正的“网红”，并实现了“网红”的自媒体商业变现。

创业人姜逸磊：爱吐槽的上海女青年

Papi 酱原名叫姜逸磊，是来自上海的一个“80 后”妹子，毕业于中央戏剧学院导演系本科。2006 年担任某娱乐网站的主持人，2007 年在上海电视台体育频道从事编导和配音工作，2009 年担任上海话剧艺术中心话剧《马路天使》的导演助理。从经历来看，Papi 酱有影视、戏剧方面的专业背景，有电视媒体、戏剧、互联网等方面的从业经验，但是她并没有成为其中的佼佼者。

2015 年初，Papi 酱跟大学同学霍泥芳一起开通了一个微博——“TCgirls 爱吐槽”，经常在微博上上传一些吐槽的短视频。Papi 酱的个人形象其实不错，但在视频中她并没有以“美女网红”的形象出现，而是抛开了偶像包袱，以较为浮夸的表现赢得了网友们的喜欢。她不间断地发秒拍和小咖秀视频，把生活中的日常琐事都拿来吐槽，例如日本马桶盖、男女关系、烂片点评等，并尝试用台湾腔、东北话、上海话、英语、变音等形式发布原创短视频。这些形式有趣的内容引起了粉丝们的疯狂热捧。

至此，Papi 酱以无厘头、爱吐槽、个性张扬、毒舌、喜欢调侃的大龄女青年形象出现在大家面前，她的短视频迅速在互联网上爆红。至今，她的微博粉丝已经有 1900 多万人，每条短视频几乎都能获得上万条评论、数万的转发量和点赞数。

创业模式：自媒体“电视台”的广告贴片变现

Papi 酱的原创短视频和《罗辑思维》一样，以其精彩的内容和主播独特的个人魅力赢得了网友们的疯狂追捧。但是，这只是自媒体成功的第一步，如何实现商业变现才是更重要的。《罗辑思维》是实行会员制，那么 Papi 酱用什么模式呢？很巧，《罗辑思维》来找 Papi 酱合作了，具体合作方式是：Papi 酱将拍卖自己的视频贴片广告，而这个事情由《罗辑思维》全程策划并操控，也就是说，Papi 酱将进行“广告招标”。

此消息一出，众人都有点蒙，广告招标是电视台的事，Papi 酱怎么做广告招标呢？它顶多是个自媒体，进行广告招标，有人来竞标吗？不过，《罗辑思维》什么都敢做，用它的话说不就是尝试吗？它们的会员制也是敢于尝试才成功的。而且，它觉得 Papi 酱有这样的实力。因为截止招标之前，Papi 酱的节目在视频网站的总播放量已经达到了 2.9 亿次，而且已经获得了由真格基金、《罗辑思维》、光源资本和星图资本共同投资 1200 万元，Papi 酱目前的市场估值已经达到 1.2 亿元左右。这些数据都足以说明 Papi 酱具有强大的变现实力。

2016 年 4 月 21 日，Papi 酱在阿里巴巴平台的招标活动开始，中标的企业可在 2016 年 5 月 21 日后的任意一周的星期一，在 Papi 酱视频节目后的彩蛋位置获得一次定制的广告内容。经过激烈的角逐，电商公司“丽人丽妆”最终以 2200 万元的价格成为标主，Papi 酱成为新媒体的第一个“标王”，并成功实现流量变现，开拓出了一条全新的自媒体商业模式。

但是，2200 万元并不是 Papi 酱此次拍卖的全部收入，Papi 酱举行了两场广告招标情况沟通会，这两场沟通会要购买门票才能参加，门票每张 8000 元，每场 100 张，两场广告招标后的门票在刚开始放票不久就被众多广告商和代理机构一抢而空。

这种情景令业界人士震惊，这不是普通的“网红经济”，普通的“网红”靠的是卖货，而 Papi 酱走的是媒体路线——一个自媒体达到了电视台才会有的效果。

不过，Papi 酱变现的形式如果只有广告这一种，未免单一了一点，许多“网红”靠卖货、进军影视业等其他途径变现。目前，Papi 酱也进行了一些这方面的尝试。2016 年 6 月 13 日，Papi 酱开始在自己的淘宝店卖货，以魔兽为主题的“Papi 酱心智造”印花短袖在 36 分钟内全部卖完。7 月 11 日，Papi 酱在一直播、美拍、斗鱼直播、花椒直播、熊猫 TV、百度视频、优酷直播、今日头条 8 大直播平台上进行了自己的直播处女秀，通过这次直播，Papi 酱获得了 90 多万元的收入。这些都是 Papi 酱在尝试变现的新方式。

虽然 Papi 酱因为“以直接、暗示、辱语等方式表述粗口、侮辱性语言内容较多”，于2016年4月被国家新闻出版广播电影电视总局勒令整改，《papi 酱》系列作品也被迫下线，同年 11 月其与《罗辑思维》的合作流产，1200 万投资也被撤走，但是我们从中看到了其强大的变现能力。随着这种创业模式的日趋成熟和行业规范的日趋完善，其前景还是不可限量的。

闹客帮创始人兼 CEO 栾春辉曾说，所有的自媒体创业都要经历树立品牌、粉丝积累和流量变现三个阶段，Papi 酱几乎是在极短的时间内完成了这三个阶段，不能不说，这是业界的传奇。

创业优势：高质量的本土原创内容吸引了众多受众

Papi 酱的快速走红和创业模式的成功，首先是与短视频 UGC 内容井喷的契机有很大的关系，虽然这个优势所有的自媒体人都可以利用，但并不是所有自媒体人都能获得成功。这说明，时代给每个人提供的机会固然重要，但更重要的是每个人自身的 优势能不能凸显出来。

那么，Papi 酱的优势在哪里呢？首先，她有影视专业的背景和一定的媒体从业经验。从严格意义上来讲，她并不算“草根”。在内容的打造、选题的设计、表演的方式和呈现的能力上，她比那些零基础的“草根”要优秀得多。但是，她的呈现方式又极其“草根”和“接地气”，她还可以将一些“高大上”的内容演绎得极其“接地气”。比如，她将时下年轻人喜欢将中文和英文夹杂起来说话的特点总结得非常到位和精彩，同时又很搞笑，这使大家觉得看她的视屏轻松幽默，同时又可以捕捉到一些社会热点。

其实，将众多有趣的内容集中在几分钟内吐槽完并不容易，这首先需要有一定的原创能力。内容是取胜的关键，但是在目前的自媒体行业里，有优秀的原创能力的团队并不多，能以高质量的本土原创内容取胜的只有《罗辑思维》、Papi 酱等为数不多的几个。此外，还要有优秀的表现能力。有趣的内容还要有趣地表现出来才能达到效果。Papi 酱本身就是学影视专业的，她略带浮夸的表现是以自己的影视表演经验为基础的。为了更“有趣”，Papi 酱还进行了一系列个性化尝试：将语速加快、电子变音、连续发布、跳切等，这些媒体技术也和 Papi 酱以及她的团队的专业素养分不开。

中国文化产业投资基金副总裁钟文明说过，网红必须有三个特点才能聚集起粉丝：第一，节目频次不能太低；第二，节目一定要有核心定位和价值观；第三，要有持续经营的能力，包括节目的持续和商业变现的持续。而《罗辑思维》创始人罗振宇则说，“网红”一定要有自己的独特魅力，它和内容一样重要。这些 Papi 酱都具备了。接下来，Papi 酱还要将这些特点和优势延续下去，使 Papi 酱的影响力越来越大，变现的能力越来越强。

创业定位：吸引中国年轻群体，带来新鲜视角

在百度发布的《95 后生活形态调研报告》中指出，1995—1999 年出生的“95 后”总量约为 1 亿人，他们从出生就与互联网为伴。除了这些“95 后”，“90 ~ 95 后”和“80 后”也有这样的特点，他们就像互联网的“原住民”，习惯了在互联网上点赞、分享、评论和吐槽，他们喜欢当下互联网上流行的一些价值观。如今，这些人是每个城市主要的群体，他们也有很多压力和烦恼，习惯用吐槽的方式解决烦恼、减轻压力。

Papi 酱正是抓住了时下年轻人的这个特点，把他们生活中的琐事统统拿来吐槽，比如“七大姑八大姨逼婚盘问”“双 11 购物狂欢”“微信公开课”“情人节送女朋友什么礼物”，等等。这些话题抓住了都市年轻人的“痛点”。Papi 酱用戏谑的方式和大家分享这些事情，无论最终能不能解决问题，都是轻松减压的过程。因此，网友们常常说：“你（Papi 酱）真是我们的代言人，完全说中了宝宝的心声。”虽然 Papi 酱说的是生活琐事，但她有视角、有观点，并不人云亦云，因此能给人带来一些“营养”。Papi 酱的很多语言都成了“金句”被网友们四处传播，当传播内容有了被注意、被记忆的特点以后，就会在同类人群中传播和流行，最终将影响这群人的观念和生活。

Papi 酱的定位更成功的一点在于，她没有走一般“网红”的路子在网上晒自拍，而是走出了一条新路，以自黑和吐槽为主要表达方式，带来一种少有的都市幽默。

以前，以芙蓉姐姐和凤姐为代表的“老网红”是以“审丑”吸引大众，现在，“新网红”以“卖美”吸引大众。从Papi酱开始，一种以原创内容和极具个性的表现吸引大众的互联网创业新形式诞生了。就像《罗辑思维》的罗振宇说的，Papi酱不是“网红”，她是一个自媒体人，她通过传递自己的价值观吸引粉丝，通过自己的个人魅力吸引对她感兴趣的人，或许，这才是Papi酱的真正价值。

单向空间：传统书店老板“逆袭”打造多元文化平台

在我们的印象中，书店最早是安静的“书洞”，后来成了可以喝咖啡、听音乐的“书吧”。但是，现在如果你来到单向空间，又会再次颠覆自己对书店原有的印象。这里不仅可以买书、看书、喝咖啡、吃简餐，还可以欣赏和购买艺术品、参加各种沙龙。然而，这仍然只是这个“书店”的一部分，在互联网上，它还有APP、微博、微信、豆瓣等各种交流场所。由于它的空间很大，所以它不再叫“单向书店”，而改成了“单向空间”。

单向街的老顾客都知道，以前这里以高品质的书籍推荐、免费的文化沙龙而闻名，这个由多位媒体人、作家、艺术家共同创办的书店一直是北京城知名的文化地标。随着新媒体时代的来临，单向街变成了“单向空间”，变成了提供听觉、视觉、触觉、味觉等多种感觉的立体的公共空间，也变成了从线下书店到线上新媒体的综合文化机构。单向空间是传统书店向新型企业转型的成功范例。

转型后的单向空间构建的是一个多元化的文化内容平台，针对不同的人群获取内容的习惯，打造了单谈、单读、“微在APP”、微信公众号、新浪微博以及网站等多种产品，从线上到线下实行互动发展，将成为更多喜欢文化的受众活动的舞台。

创业人许知远、于威：传统书店老板走上“逆袭”之路

20 世纪 90 年代末，第一次互联网浪潮来临，那时的许知远和于威就接触了互联网内容的操作，他们带领邹波、叶滢等人组建了一个团队，为艺龙网创建文艺板块。后来，他们离开了艺龙，于威被搜狐聘请，依然做内容主编，这一待就是 5 年。

再后来，于威出国了，许知远和另外 12 个朋友共同创办了一家书店，叫“单向街书店”，名字缘于德国文学家瓦尔特 · 本雅明的一本著作《单向街》。书店的位置比较偏僻，在圆明园东门内左右间咖啡西面的一条长廊里。后来，单向街书店经过了几次搬迁：2009 年 10 月，搬至蓝色港湾；2012 年，搬至朝阳大悦城，并增加了 3 家分店……

2014 年，单向街书店已经创办 9 年了，然而之后的一切都发生了变化——第二波互联网浪潮来临。这次浪潮更加汹涌，移动互联网和大量社交媒体的出现，几乎重塑了整个世界，人们获取知识的途径变了，图书不再是人们获取知识的主要途径，书店成了边缘产业，传统书店在移动互联网时代风雨飘摇，单向街的生存岌岌可危。

许知远考虑，单向街书店必须进行改革和创新！他把远在德国的于威招回。大家共同商议后，将“单向街书店”改名为“单向空间”，单向空间将在结构和商业模式上进行大胆创新，除了书店，将延伸出更多的产品，并要借助资本的力量，进行商业化运作。从此，依赖 12 位合伙人自掏腰包供养了 9 年的单向空间走上了独立书店的“逆袭”之路！

创业模式：多种文化产品组成的多元文化平台

以前的单向街书店主要靠卖书和组织线下活动盈利，9 年来组织过不下几百场活动，至少有 10 多万人参加。但是，这 10 多万人是一盘散沙，没有被整合、利用起来。现在，单向空间就是要把这些资源整合起来，将经营范围从实体书店这个单一的模块延展开来，变成提供包括线上、线下在内的优质内容和各种生活方式或活动的综合文化机构。犹如它的名字一样，它从一家书店变成一个空间，而这个空间的产品现在被拓展成了 3 大类："单系列"产品、新媒体"微在"、单 Design。

第一类，"单系列"产品。

1. 单谈。这个板块主要是开展与读书没有太大关系的各种沙龙活动，比如美食沙龙，有美食家讲座，互动工作坊，大家可以互相交流学做美食的经验。还有一些与鉴赏家、供应商有关的活动，这些活动都会收取一定的费用，也都会请嘉宾，而嘉宾的一些精彩演讲会被汇集成书出版。

2. 单读。这个板块中的内容文化气息更浓，比如高端的线下活动——文学之夜，会请一些包括著名的作家、音乐人、主持人等在内的文化名人进行演讲。比如鲁迅之夜就请了鲁迅研究专家钱理群、文学评论家李静、歌手叶蓓和主持人李蕾等。这个活动很高端，不仅有各界的名人参加，而且还是综合视觉、影音、阅读、对话及酒会的全方位体验活动。这个活动每次只准 60 个人参加，每位收费 188 元，基本是场场爆满。

这个板块也有出版业务，但不是传统意义的"出版"，除了有两个月一期的墨客书以外，还有线上阅读 APP、公众号以及各种线上文学活动等。这个板块会有一些对单读内容感兴趣的品牌商来谈合作，可以赚取一定的冠名费用。

“单读”还有一个 20 分钟左右的音频节目，每期有一位文化界人士谈人生、谈读书、谈电影等，每期收听量能达到 10 多万次。

3. 单厨。这是实体书店里的店中店，会出售咖啡、简餐、甜点等。单谈产品的美食沙龙活动也会在这里举办。

第二类，新媒体“微在”。这是单向空间新开发的很重要的产品——线上 APP 传播渠道，内容包括文化、生活、娱乐等，风格更加年轻化，这个产品是“风投”对单向空间最有信心的产品。以前单向街就已经有了很多拥护者，但他们没有聚集地，所以基本上是一盘散沙。“微在”出现后，他们可以通过“微在”找到自己的同类人，分享各种话题和价值观，找到单行空间带来的归属感。

现在，“微在”已经有包括“微在 APP”、微在网站、微信公众号、微博、豆瓣等在内的多个子产品，这些空间积累的用户已经有几十万人，这些都是单行空间的潜在价值。

第三类，“单 Design”。在这个板块中，单向空间会与大品牌设计师和艺术家合作设计产品，然后在单向空间的线上、线下出售。比如“单 Dcsign”第一期“在路上”系列，第一支单品是由著名设计师刘知理的工作坊设计的旅行箱，旅行箱里还有互联网漫画红人 Tango 设计的漫画卡片。在单向空间的书店中摆放上这些艺术品，大大增加了单向空间的艺术感觉。

第一类产品大部分是单向街书店的原有产品，第二类和第三类产品都是单向空间新开发的产品。可以看到，调整后的单向空间的产品明显丰富多了，从文化到生活，从线上到线下，盈利的点增多了，上升发展的空间也很大。

除了以上这三类产品，书店中也继续出售图书。消费者除了买书还可以借阅，同时也可以办会员卡，借阅卡每年 1000 元，储值也是 1000

元，购书可以享受 9 折优惠。但是，实体书店的销售额不再是单向空间的唯一盈利渠道，这是单向空间与单向街书店最大的区别。

经过改革与创新后的单向空间其产品、创业模式和盈利渠道都丰富了许多，更适合互联网时代消费者的消费需求。单向空间也因此摆脱了先前的低迷状态，出现了勃勃生机。一些商业地产看到了单向空间的这种气象，开始邀请它入驻。但是，单向空间不为所动，他们不想盲目扩张，因为靠连锁的方式去套现并不是单向空间的目标，开展衍生业务增加单向空间在受众中的影响力才是他们要追求的目标。

创业优势：深厚的根基和创业者丰富的经验及资源让老书店屹立不倒

在移动互联网大潮的冲击下，许多传统书店都失去了生存空间，近几年来，全国各地转型、关门、缩小经营范围的书店不计其数，一些经营了多年的老书店也关门歇业。这种情况难免令人痛心。但是，单向空间却抵挡住了冲击，这固然跟它及时调整经营方向有很大的关系，还有两个巨大的优势是其他书店所没有或不及的。

第一，根基深。在单向街书店经营的 9 年中，它曾经举办过 600 多场沙龙活动，参加人数超过 10 万人，再加上经常到单向街买书的一些消费者，他们共同组成了单向空间各种新产品的潜在用户。也就是说，单向街书店并不是从零起步，它的转型是建立在很深的根基上的，他们都成了单向空间微博、微信、“微在 APP”上的基础用户，有这些老顾客做基础再发展新用户就容易多了。

第二，经营者具备丰富的从业经验和业界资源。单向街书店最初是由以许知远为首的 12 个文化界知名人士创办的，包括吴晓波、于威、覃里雯、张帆等，这里面有媒体人、知识分子、作家等。许知远和于威都曾经做过门户网站的内容编辑，他们对新媒体的操作一点都不陌生，所以他们才能够迅速开发并运营好新媒体“微在 APP”。同时，他们作为文化界人士，一定有很多业界资源，比如他们会认识不少设计师、艺术家，那么就可以共同开发单向空间的新产品——“单 Design”。他们也会认识很多作家、主持人等，那么举办文化沙龙活动就容易多了。

所以，单向空间在互联网浪潮的冲击下不但没有倒下，反而焕发了新的生机。这也说明无论是任何一个行业，只要敢于求新、求变，只要能够看准时代浪潮的风向及时调整方向，都能够安稳地度过危机，找到新的发展机遇。

就像单向空间的老板许知远说的那样：“创业一是要敢于开创，二是要有创意，那么无论创业的规模大小、是什么行业，都能找到自己发展的机会。”

创业定位：一个多元文化共生的平台

从观念和生活方式上来看，现代社会越来越朝着多元化方向发展，这就意味着人们获取知识和信息的方式不可能再是单一的途径。同时，人们又很渴望将这种多元的观念分享出去，分享的方式也呈现多元化，可以面对面，也可以不见面。总之，“多元”成了这个时代的特征。

文化氛围较浓厚的书店的经营方式也必须呈现多元化。以前人们读书之后很难分享，因为缺乏分享的意识和平台，现在虽然人们有了分享的习惯，但缺乏很好的分享平台。单向空间就要为消费者打造这样的平台。这个平台不再像过去的书店那样只能处于商业的边缘，它可以成为消费者生活的中心，消费者来这里既可以参加沙龙，也可以喝咖啡，还可以观赏艺术品，更可以到它的线上平台分享各种信息和感想。单向空间的内容很多、空间很大、包容性很强，它能够承载很多东西，同时又在不断创新。

这个多元化的文化平台更适合时下人们的生活方式，而书店只是这个平台的一个组成部分和配套，但不是唯一的经济收益来源。

有人也产生过质疑，认为转型后的单向空间变得商业化了，似乎离真正的“文化”越来越远。许知远并不这么看，他认为这个时代的人们并不是不需要文化了，而是对文化的需求越来越强烈；他们需要的文化不仅仅是一个人默默地读书，还包括把各种文化元素植入自己的生活；他们喜欢美食、读书、艺术品、交流、分享等；他们的生活与文化息息相关，但不再是单一的读书。所以，单向空间要满足人们对文化的多元需求，为他们创造一个多元文化聚集的平台。单向空间虽然转型了，但本质没有变，以前做的沙龙还在做，但线上产品覆盖的受众越来越多。单向空间已经能够为更多的人群提供多元化的文化精神产品。

未来，单向空间可能还会变，或许是旅馆、展厅等。在互联网时代，什么都有可能。

花间堂：令每一个旅行的人窒息的天堂

在大家的印象中，酒店总是相似的所在，但如果你来到“花间堂”酒店，一定会眼前一亮，因为它与传统的酒店不一样，不是像传统的酒店那样按照统一的标准打造的，就连每一家花间堂都不一样，“文艺”是人们对它的总体印象。

花间堂创立了中国为数不多的私人精品连锁客栈，它不像是酒店，更像是旅途中的一个景点，具有中国文化之美。就像它的创办人张蓓说的那样：“花间堂不是旅游的配套设施，它是旅游的目的地。”

时代在变化，旅游形态也在变化，从业者也在不停地变化。在移动互联网时代，花间堂为了适应时代的发展，也在不断调整自己的创业模式，在体验感、成本控制、独特性、品牌经营等方面，花间堂一直在变化，只为给当下的用户更好的感受。

创业人张蓓：文艺范儿的女人开文艺范儿的旅馆

张蓓，一个很有文艺范儿的女人，曾经做过电台的节目主持人、酒店的管理者。她有两个梦想，一是读书，二是旅行。所幸的是，她的两个梦想都经营得不错。读书，她读到 EMBA；旅行，她跑遍了全国各地。但她还有一个梦想，就是想拥有一个旅行的目的地——旅馆。

2009 年，她的这个梦想也成功了，她梦想中的旅馆——花间堂，在云南丽江诞生了。几年里，花间堂发展迅速，至今已经拥有线上会员体系（花粉世界、花粉惠）和线上社区（花讯、花间美学）以及丽江、香格里拉、周庄、苏州等 8 座城市的 15 家店。

创业模式：极致的体验感 + 独有的非标准酒店品牌管理模式

花间堂一直经营得不错，但是随着同类酒店不断出现，花间堂面临着巨大的冲击。张蓓想，必须居安思危，在创业模式上不断改进和调整，把体验功能做到极致，这样才能一直保持优势。

首先，花间堂的客户可以在线上预订房间，而且是无担保预订，到店里时不需要付押金就可以入住，离店时不需要经过查房就可以办理离店手续，这三条可是传统旅馆做不到的。这并不是因为花间堂不怕风险，而是因为对它的用户足够信任，这种信任只有通过社群才能培养出来。

其次，花间堂里不只有客房、餐厅，还有厨房、瑜伽馆、酒吧等，这样的地方就不只是旅馆了，更像一个家。花间堂就是要打造一个温馨的家庭氛围，让用户在这里的感觉就如在家的感觉一样。

最后，花间堂和DingDong智能音箱合作，安装了一个智能入口。有了这个智能入口，用户需要服务时不需要再打电话呼叫服务人员，而是可以直接通过DingDong智能音箱发出语音指令调控房间灯光、空调、加湿器等。如果有其他的服务，也可以向DingDong发出要求，它会帮用户呼叫服务人员。

这三种服务最大限度地满足了用户的体验感觉。而在整个品牌运营上，花间堂也有自己独特的策略。

第一，片区统筹管理。比如丽江这个片区，成立一个分公司进行统筹管理，丽江片区的所有日常运营都由这个分公司进行管理，这样可以在一定程度上降低成本。

第二，保持每个连锁店的独特性。这个独特性并不是说每个连锁店要独立经营，而是说每个连锁店都可以有自己独特的主题和服务，这一点和一般的连锁店完全不一样。一般的连锁店每个店几乎一模一样，这叫“复制成功模式”，但花间堂不复制。在张蓓看来，如果每个连锁店都一模一样，顾客的体验就没有新鲜感，而当今社会很多人很重视个性和新鲜感，就如每家花间堂的名字一样：丽江古城植梦院、束河古镇墨香苑……每个店的名字都不一样，每个店的配套设施也不一样，各有各的美，这也是为了给用户更好的体验感。

第三，坚持高质量的单一销售渠道。一直以来，花间堂的销售渠道相对来说比较单一，只有淘宝官方旗舰店、花间堂官网、携程官网，此外没有别的销售渠道。花间堂并不打算增加别的销售渠道，虽然这样用户的预定渠道少了点，但是可以统一销售价格，避免有些渠道乱比价现象，这对塑造品牌的长期形象有益。

第四，发展连锁，但不加盟。花间堂有很多连锁店，但都是直营的，没有加盟店。道理很简单，花间堂想把品质控制在自己手中，虽然发展加盟店又省心又挣钱，但没办法控制加盟商的经营和管理。挣钱虽然重要，但品牌的形象是更大的价值。

极致的体验感觉增加了用户黏性，独有的品牌管理模式维护和提升了品牌形象，通过这样的创业模式，花间堂会继续保持非标准酒店的领跑者地位。

创业优势："独特性"对顾客充满吸引力

花间堂和标准酒店不一样，和其他的非标准酒店也不一样，它是一个与众不同的所在。正是这种与众不同，才对顾客充满了吸引力。

每一位出门旅游的人都想获得一种全新的、不一样的体验，尤其是喜欢个性化旅行的人，追求的本来就是新鲜感和特别感。而标准酒店的刻板模式则无法对这些人产生吸引力。在标准酒店，顾客闭上眼睛就知道沙发、茶杯、毛巾摆放在哪里，还哪里有新鲜的体验？但是，在花间堂，这种刻板的印象被打破。

花间堂不但拒绝与其他酒店雷同，就是各个分店也不雷同，比如每一间花间堂的装修都因地制宜，充满个性；花间堂里各种各样的艺术品、小物件不仅可以欣赏，还可以购买。花间堂把经营权牢牢掌握在自己手中，从不发展加盟商。因为一旦发展加盟商，花间堂必然会被加盟商复制，一间间雷同的花间堂就会出现在各个城市，到那时花间堂的独特性便不复存在。花间堂要打造的是独一无二，拒绝任何形式的同质化。

此外，花间堂还不断更新，使自己与时俱进，使自己跟上时代，这使得它的目标客户愿意一次次光顾，也使得更多的新客户被它吸引。

同质化往往就意味着被淘汰，但花间堂不但摆脱了标准酒店的同质化，也摆脱了非标准酒店、文艺范儿酒店的同质化，它以独特的姿态吸引了无数对它情有独钟的顾客。

创业定位：一个跳脱“都市森林”的“诗意王国”

如果来到花间堂待上一会儿，你会忘了这是在酒店，它依水而建，游廊小径，碧水曲桥，像一幅中国的写意画，哪里有一点印象中刻板的酒店的影子。

花间堂选址和传统酒店的做法不一样，它总是避开繁华的所在，偏爱在闹中取静，还喜欢与文学家、史学家比邻而居。它的每个房间都有自己的“芳名”，好像这不是房间，而是一个女子。它里面有书苑、西餐厅、影音室、红酒吧、香吧、茶室、瑜伽馆等，置身其中，你又感觉这是一个家的所在。整个花间堂给人的感觉就如它的名字一样沁人心脾。

怪不得有人说，花间堂不是酒店，它是一个跳脱“都市森林”的“诗意王国”。其实，这正是创始人张蓓对花间堂的定位。张蓓认为，社会节奏越来越快，人们在一个充满规则和标准的“都市森林”中生活久了，需要回归自然，走向田园，寻找一些温情和仪式感。

花间堂就想把这样的感觉带给每一位旅途中的人，希望这里不仅是一个休息、睡觉的地方，更是每一个人旅行中的一部分。所以，她把文化、艺术、温度、故事都融进花间堂中，每一家花间堂不是坐落于人文底蕴深厚的悠远古镇，就是隐匿于风景绝美的隽永山水。因为这些东西的滋养，花间堂有了生命，不再是一个按标准模式建立的酒店，而是一个跳脱“都市森林”的“诗意王国”。

花肆：我们卖的不是酒，而是故事

喝酒，更多的时候似乎是男性的专利，常喝酒的女性很少。这并非是因为需要女性喝酒的场合比较少，也不是因为女性不爱喝酒，生活中喜欢偶尔喝点酒的女性朋友还是很多，尤其是那些小资女性，“一杯红酒配电影”对她们来说是非常享受的一件事。

然而，目前市面上适合女性喝的酒的品种并不是很多，白酒、洋酒都太烈了点，而每天喝红酒又单调了点，她们希望有一种适合自己的低度、健康的酒出现，来满足对生活品质的追求。有需求就为许多创业者带来了商机。

近两年，这样的酒出现了，它有一个好听的名字——花肆。这种酒从名字到原料再到外包装，无不彰显着女性色彩，它把女性那种在乎细节、喜欢浪漫、追求美的需求都装载其中，它给我们传递这样一种概念，他们不只是在卖酒，还在“卖”故事。

创业人马桑：在朋友聚会中发现的商机

马桑，一个普通的创业者，他随时都在寻找创业的机会。一次，在和朋友聚会时，他发现这样一个现象：白酒度数太高，女性朋友大都难以接受，而且喝白酒总有一种在应酬的感觉；红酒仪式感太重，似乎没有一只高脚杯就喝不出感觉来；洋酒太烈，不适合日常饮用；啤酒似乎更适合出现在大排档和烧烤摊上。没有一种酒符合健康、低度，既不过于“高大上”，又不显得太随意，外观具有美感并适合女性朋友饮用。

很多人认为，女性朋友喝不喝酒无所谓，她们大多不胜酒力，就算给她们好酒，她们也喝不了。但是，马桑知道许多女性朋友爱喝酒、能喝酒，但是她们不喜欢喝醉，她们顶多喜欢微醺，即使醉了也要保持一种优雅的美。

想到这些，马桑发现这是一个很大的市场。他认为，这个世界上大约有 50% 的女人找不到适合她们喝的酒，如果能够制造出这样的酒，一定能创造很大的利润空间，他想制造这样的酒。

2013 年，他成立了酿酒工作室——花肆工作室，建立了花肆团队。花肆团队的 3 个人以前曾经经营过有机农业，也曾经做过律师、中药材生意等。他们在成都大邑乡下的小农场里开始酿造花肆酒，半年后，两款花肆酒“桂云香”和“青梅雅醉”研制成功。2014 年底，花肆在淘宝网正式上线。

创业模式：线上销售 + 故事营销

花肆的销售渠道主要是淘宝网。目前市场上有与花肆相似的产品，例如五粮液、泸州老窖等传统白酒品牌推出的平价低度花果酒，还有圃田冰青也推出了低度青梅酒，但是这些品牌主要是通过商场、超市、饭店铺货等线下传统销售渠道销售，花肆并没有采用这样的创业模式。

第一，花肆采取了线上销售。除了有自己的淘宝店铺，它还选择了在东家、ENJOY、下厨房这些相对垂直、用户较为精准的电商平台销售，这就避开了与市场上一些类似产品正面竞争。而且花肆的用户主要是 18 岁至 45 岁的有红酒消费习惯的女性，她们对白酒通常不太感兴趣，在喝酒上她们不仅讲究口味也讲究感觉，这就与类似产品的目标用户区别开来。东家、ENJOY、下厨房这些垂直的电商平台聚集了花肆的目标用户，所以，花肆一开始就进行了精准营销。

第二，花肆利用互联网进行了“故事”营销。花肆抓住女性朋友唯美、浪漫、爱听故事的特点，为每一种酒都取了一个浪漫的名字，再配上一个个温情的小故事，销售时作为宣传文案同时推出。

比如，桂花酒叫“桂云香”，它来源于一个故事：情窦初开的男孩爱上了邻居家的姐姐，邻家姐姐每年都捡桂花酿桂花酒，最终攒够了嫁妆远嫁他乡。男孩非常难过，常常以姐姐酿造的“桂云香”寻找慰藉。有一款 9 度的玫瑰酒名叫“苏山”，听到这个名字就好像看到了一个洋派但又散发着东方气息的小资女性形象；15 度的玫瑰酒名叫“肆月”，它就像是一个活泼爽朗的女孩……

花肆把每一种酒“人格化”，使酒不只是酒，还是一种情怀和寄托。不得不说，这种营销手法迎合了女性朋友的心理。花肆把这些故事和每一种酒在互联网上捆绑传播，很快就侵占了大众的视野。而且，女性朋友在喝酒时还可以一边品酒，一边回味美丽、动人的故事，这使得喝酒更添了几分意境。

花肆前期的投入并不多，仅在 200 万元左右，但上线一年后每个月的销售额就稳定在 40 万元左右，不得不说，这和它正确的创业模式和营销模式分不开。

创业优势：市场空白创造机会，细节打造核心竞争力

花肆的优势是显而易见的。

第一，这两年，人们消费白酒的热情有所下降。据调查，2015 年白酒销量较 2014 年同比增长 5.22%，但同期果酒销量增幅 18.37%。这说明，人们对低度果酒的消费欲求在明显上升。

第二，市场上虽然有与花肆相似的适合女性朋友饮用的酒，但没有代表性的产品。五粮液、泸州老窖等传统白酒品牌虽然推出了低度花果酒产品，但人们对它白酒定位的印象过于深刻，所以它们很难培养目标用户。圃田冰青也推出了低度青梅酒，但在市场上并没有激起多大的水花。这就给了花肆机会，因为花肆定位明确，销售渠道精准，营销手法狠，所以一经推出就有了相当不错的销量。

第三，花肆很重视细节。与相对来说比较粗狂的白酒相比，花肆把“细节”做到了家。在设计上，花肆的酒瓶相对细小一些，线条优美，像是女性的身体。由于生产酒的原料是各种各样的花果，所以酒的颜色非常漂亮，有酒红色、橙黄色、淡白色、猕猴桃色等，还配以各种款式和颜色的酒杯。花肆酒既可以用酒杯喝，还可以直接用酒瓶喝。酒瓶的设计非常人性化，拿在手里的手感非常好。喝花肆酒完全没有应酬感和仪式感，更多了一种随意和优美。就连给每一种酒起名字，花肆也是独具匠心。这种对细节的讲究以及打造出来的唯美感觉，对女性产生了巨大的吸引力。

创业定位：为女性朋友量身定做的低度花果酒

花肆定位于低度花果女性饮用酒，度数一般在 20 度以下，不易喝醉。原料有桂花、青梅、桃花、玫瑰、猕猴桃五大品类；还有一种花果清酒，以云南大理的葡萄作为酒基发酵。花肆的目标客户是 18 岁至 45 岁有一定消费能力和生活品位的女性朋友，因此酒的容量和定价都定位于这部分顾客——花肆大部分酒的容量为 355 ml，价格在 60 元左右，这样的价格也在目标客户的接受范围之内。

为了突出女性定位这个特点，花肆酒在品牌名称、酒的名称、酒的外包装上都突出了女性特色，比如“花肆”这个名字听起来就很有女性的柔美，而它的意思是像花一样肆意绽放，像理想一样野蛮生长，比较符合新时代女性既追求独立又追求生活美感的自我定位。

除了在外包装和形式上贴合女性定位，在酒的口味上也更适合女性，花肆酒的口感清甜，比起传统的白酒、红酒更容易入口。

总之，花肆酒想要打造的是有口感温度和人情温暖的女性饮用酒，它希望以花果酒为载体，传递一种质朴的生活态度和纯粹的精神追求。

极致蛋糕：一款会讲故事的蛋糕

在创业圈里，看上蛋糕这个市场的人不少，为何？蛋糕单价高、毛利率高，因此他们都想在这个行业分一杯羹。目前比较知名的蛋糕品牌有甜派，它的切入点是物流；生日管家，它是做电商渠道；还有一家是近几年来飞速发展起来的极致蛋糕，它是互联网品牌。

极致蛋糕的发展有多快呢？整个上海的烘焙市场销售收入是 100 亿元，而极致蛋糕仅仅用了半年的时间就拿下了其中的上千万元份额。所以，有人把极致蛋糕称作蛋糕行业的“入侵者”，互联网领域也把它称作互联网领域的“入侵者”。为什么这样说？因为它是彻彻底底、从头到脚都用互联网思维经营的品牌，体验、爆款、“饥饿营销”、“粉丝经济”、互动、情怀等所有互联网思维都几乎被它使用并运用得淋漓尽致、恰到好处，互联网思维的极致运用使它成功颠覆了传统蛋糕行业。

在这种思维的作用下，极致蛋糕重新定义了“好蛋糕”的含义，它认为好吃是对蛋糕的基本要求，但只做到好吃并不是好蛋糕，还要做到好玩、有趣、有故事，让人吃完还能回味，这种对好蛋糕的重新诠释使它开创了一种全新的经营模式。

创业人吴滋峰：用互联网思维做“极致蛋糕”

吴滋峰，上海大学计算机系毕业，毕业后做过程序员、互联网游戏公司游戏运营等。但是，他始终觉得给别人打工不是自己的梦想，于是在2007年辞职并创立了自己的公司，做开发手机游戏方面的业务，公司开始经营得不错，但后续乏力，最后没能坚持下去。

之后，吴滋峰开始寻找新的创业项目，他还是想做电子商务。但是，做电子商务的企业太多了，哪一个领域既是大商家不会进入并且毛利率和客单价比较高，还会重复购买的领域呢？他想起曾经投资过的烘焙店，发现只有这个行业完全符合他说的这些条件。于是，他选择了做蛋糕。

他没有用传统的方法去做蛋糕，而是想用互联网思维去颠覆这个行业。但如何颠覆，刚开始他并没有很好的想法。他尝试着在网上开了一个蛋糕商城，把上海几乎所有的蛋糕品牌都搬到了这个蛋糕商城上去卖，他负责送货。但最后他发现这并不是自己想象中的互联网思维，他只是在网上卖蛋糕而已，并没有比线下卖蛋糕有多少优势，而且蛋糕是易碎商品，如果网上卖的蛋糕没有特别之处，消费者不会选购。

这给了他新的启发，如果要培养消费者在网上买蛋糕的习惯，蛋糕一定要有特别之处，要足够吸引人，而且，还要在服务、理念、用户体验上做足功夫，这样才有可能成功。这样的蛋糕一定不是“传统蛋糕”，如果要他来定义的话，应该叫作“互联网蛋糕”。于是，他开始研究这样的产品。2013年10月，“互联网蛋糕”初步研制成功，蛋糕被命名为“极致蛋糕”。

创业模式：用互联网思维经营每一个环节

吴滋峰认为用互联网思维创业并不是将传统店铺搬到网上就行，一个成功的互联网品牌并不是这样做就可以树立起来的，而是要用互联网理念去重新解读、重构经营的每一个环节，从生产、下单、营销、配送等每一个环节都体现出互联网思维。

首先，产品要足够“极致”。既然极致蛋糕是互联网产品，那么怎么体现出它的互联网特点呢？就是性价比最优，外观足够吸引人，充满情感、故事和趣味，可独家定制，从味觉、视觉、感觉上满足用户的多种体验。

那么，怎样让顾客体验到这款产品呢？吴滋峰开了一个体验店，用户可以在这个体验店里观看制作蛋糕的整个过程，包括用什么原材料、制作的方法等。如果顾客想买了，就到网上下单，因为这个店只是体验店，只做展示和宣传，不出售。这样做就是为了培养用户在网上购买蛋糕的习惯，这就是运用互联网思维经营的环节之一。

其次，用免费分享的销售模式圈客户。首先要培养自己的第一批粉丝，这一批粉丝肯定是要花一些成本的。极致蛋糕采取的做法和一些互联网企业一样，就是“白送”。找到 50 ~ 100 个对极致蛋糕感兴趣并有一些互联网影响力的粉丝，送给他们吃，向他们灌输极致蛋糕的理念，然后请他们去分享。这些粉丝需要精挑细选，必须是“草根达人”，既来自普通的消费者，又对普通的消费者具有一定的影响力。这是典型的互联网营销思维。

极致蛋糕用这样的模式滚雪球，至今在上海已经培养出了大概 6 万个粉丝。粉丝还能享受很多“福利”，他们把极致蛋糕的活动内容分享到自己的社交互联网，就有机会获得参加极致蛋糕“内测”活动的资格。“内测”活动就是，每个月会提前做出几款下个月才出的星座蛋糕，然后请粉丝试吃并投票。这样做的目的不仅仅是想获得粉丝对产品的意见，更是加强粉丝与品牌的互动，缩短粉丝与品牌之间的距离，粉丝参与制作会对产品更有认同感，同时他们也愿意把这样的活动分享到自己的社交互联网。

“饥饿营销”也是吴滋峰常用的销售手段。极致蛋糕每天只生产一定数量的蛋糕，后来的顾客就买不到了。

极致蛋糕的物流配送更是将互联网思维发挥到了极致。一般的电商配送多是由物流公司来完成，但极致蛋糕的配送是自己来完成，他们用了一个极具互联网特点的名字来形容他们自建的物流——“云物流”。

极致蛋糕每天提前把蛋糕制作好，然后把制作好的蛋糕用车送到上海 10 个冷链站，由这 10 个冷链站负责配送。配送员带着蛋糕分布在市区中，他们就像一个可以移动的仓库。当客户下单后，距离订单位置最近的几个配送员会接到下单信息，他们会采用类似打车软件的方式抢单，抢到者会把蛋糕在最短的时间内送到用户手中，市区内可以保证在两个小时内送到。这个模式最先进的地方在于，用户可以知道配送师傅的联系方式和具体位置。这真的是一种可以用数据来控制的物流系统，所以叫“云物流”。

为什么要自建物流？吴滋峰说，首先是因为蛋糕是易碎物品，自己人送更加放心。其次是因为配送员可以利用送货上门的机会与消费者产生互动，以便及时得到他们对产品的反馈。这种种细节无一不是互联网思维的体现。

因此，与其说极致蛋糕是一种蛋糕，不如说它是一种时尚的互联网产品。极致蛋糕的出现刷新了消费者对蛋糕的固有印象，给了他们一种全新的体验。

创业优势：性价比最优为极致蛋糕赢得了最大数量的顾客

消费者在购买产品时，非常在意性价比，即希望用最合适的价格买到最高配置的产品，认为这样花钱最“值得”。那么，当一家企业大规模生产产品时，也唯有做到性价比最优才能赢得客户、赚到利润。

极致蛋糕是这样分析它的性价比的：如果花 3 元的成本做一个蛋糕，口味可以达到 10 分，售价可以定为 10 元，那么这个性价比是最优的。为什么这样说呢？因为这时如果成本降 1 分，口味就会下降 5 分；但如果把成本提高 5 分，口味只能提升 1 分。也就是说，如果成本降到 2 元，味道可能就只有 5 分，那么消费者肯定不能接受，价格再低也没有人买；如果把成本增加到 6 元，味道则只能做到 11 分，那么如果不提高售价，对厂家来说很不划算：如果提高价格，把增加的 3 元成本加到售价上，即卖 13 元，那么消费者宁愿去买售价 10 元、口味 10 分的蛋糕，也不会买售价 13 元、口味 11 分的蛋糕。

所以，如果厂家能够做到性价比最优制造产品，不光消费者感觉最划算，厂家也觉得最划算。这其中的关系可以用一个函数来呈现，性价比最优就是函数的曲线拐点。仔细说起来有点复杂，但极致蛋糕就做到了这一点，这需要反复的实验、计算才能做到。性价比最优为极致蛋糕赢得了最大数量的用户，也使极致蛋糕做到了成本最低。

所以，也可以这样说，极致蛋糕的“极致”并不是说蛋糕的口味是最完美的，而是说它的性价比是最优的，就这一点就足以成为顾客购买它的理由。

创业定位：为年轻人打造的有故事的蛋糕

极致蛋糕的经营处处都体现着浓浓的互联网思维，尤其是在产品的打造上。互联网企业的目标客户更多是年轻人。而年轻人大都不喜欢千篇一律、没有特色的产品，也没有兴趣发到微博和朋友圈。因此，值得“分享”的产品才是好产品。

为了设计出有特色的、值得分享的产品，极致蛋糕除了在口味上做到性价比最优以外，还给每一款产品赋予了故事、情感和生命。比如星座蛋糕，这个月是什么星座，就卖什么星座的蛋糕，这带给了用户很大的惊喜：这是为我单独定制的蛋糕，我得赶紧买，因为过几天就到下一个星座了。“惊喜+限量”成了促销的手段。通过星座蛋糕，有的用户还找到了同年同月同日生的人。

除了制作星座蛋糕，极致蛋糕还将游戏、动漫等年轻人喜欢的元素植入蛋糕中。吴滋峰希望每一个吃过极致蛋糕的用户都能够因此拥有一段回忆、一个故事或一份情感，这样极致蛋糕就不仅仅是一种蛋糕，而是一种流行的文化；每一个用户也不仅仅是极致蛋糕的消费者，同时也是极致蛋糕的代言人，提起极致蛋糕，他们总能动情地讲点什么。这才是极致蛋糕真正想要做到的。

吴滋峰说，极致蛋糕不是卖给有钱人的，而是卖给年轻人的，它没有昂贵的价格，但它有特色，它限量，所以又不是每个人都可以买得到的，这才是极致蛋糕的“极致”之处。

第8章

『短平快』合作：即合即分模式实现便捷创业

Easy business

会员制:《罗辑思维》社群经济下的会员制“自商业”

大家对脱口秀节目并不陌生，电视上有高立波的《一周立波秀》、王自健的《今晚 80 后脱口秀》，互联网上有高晓松的《晓说奇谈》、郭德纲的《以德服人》等，都非常受欢迎。近几年来，又有一档知识类脱口秀节目横空出世，它就是罗振宇的《罗辑思维》。

《罗辑思维》2012 年年底上线，由罗振宇和独立新媒体创始人申音开播几个月后便迅速红遍互联网，所推出的付费会员制度更是震惊业界内外，《罗辑思维》顷刻间入账 160 万元，向众人展示了它强大的商业变现功能。

如今提起《罗辑思维》，大家都会想到那是一档知识性脱口秀节目，它的主讲人罗振宇有着强大而富有逻辑的知识系统以及独特的个人魅力，它的主要受众是爱智求真、积极上进、自由阳光、人格健全的年轻人，这种强烈的烙印使《罗辑思维》产生了巨大的影响力。同时，它创造了一种新颖的传播理念、社区组织和变现模式，对其他自媒体人的轻创业带来了很好的思路。

创业人罗振宇：从电视媒体人到自媒体人

为什么罗振宇会选择脱口秀作为自己的创业开始？看看他的履历：本科毕业于华中科技大学新闻系，硕士毕业于北京广播学院电视系，博士毕业于中国传媒大学，毕业后在中央电视台工作，曾任《决战商场》《中国经营者》《领航客》等电视节目主持人和《对话》节目制片人，第一财经频道总策划等，2008 年辞职成为自由职业者。

正是因为有过丰富的媒体人经验，所以罗振宇的脱口秀并不是一时冲动，而是借助人生定位进一步拓展职场生涯。2012 年底，《罗辑思维》正式上线，每周更新一期。同一天，《罗辑思维》微信公众号也开始运营，每天推送一段 60 秒钟的语音，同时推送一篇由罗振宇推荐的知识性文章，视频和语音均由罗振宇主讲。视频和语音推出半年后，《罗辑思维》由一款互联网自媒体视频产品，很快成长为最具价值的互联网社群知名品牌。

创业模式：社群经济下的会员制“自商业”模式

《罗辑思维》短视频内容，主要分享罗振宇个人读书感悟及对社会各方面的种种思考。罗振宇以其丰满的知识内容和独特的个人语言风格迅速征服了大批粉丝，仅仅半年时间，《罗辑思维》微信公众号就拥有了 75 万粉丝，微博则拥有了 30 万粉丝。并且，他收获了众多的“死忠粉”，堪称中国的社群建设顶级品牌。

2013 年 8 月，《罗辑思维》推出了付费会员制度。这个举动，引起了轩然大波：针对短视频推出会员模式，这在中国闻所未闻。对于中国的网民来说，“免费共享”是第一原则，而收费适度，却完全违背了这一精髓。所以，绝大多数观察家都看衰这次尝试。

但是，随后的结果却让所有人大跌眼镜：仅仅在两天之内，5000

个普通会员和500个铁杆会员就全部卖完，《罗辑思维》在两天之内收入160万元（普通会员的会员费为200元，铁杆会员的会员费为1200元）。这个消息在自媒体领域一下子炸开了锅，大家没有想到一个小团队创办的自媒体竟然有这样大的价值，《罗辑思维》竟然有这样大的魅力！更有专业人士称，自媒体品牌已经实现了“自商业”。

当然，也有人会提出质疑：《罗辑思维》在没有成熟的商业模式的情况下推出“会员制”，是一种“无理会员制”，因为它无法给会员提供等价的利益或价值，这样做无疑是一场赌博、一场对自身品牌的消费。

但是仅仅在两个月以后，事实就给了这些人一记响亮的耳光。10月12日，《罗辑思维》微信公众号推出一条消息：今天，《罗辑思维》将发放会员福利，所有会员可从中午12点21分开始，通过《罗辑思维》微信后台提交自己的会员信息，前十名可以获得由《罗辑思维》送出的乐视超级电视一台！消息一发出，所有会员沸腾了。12点21分刚过5分钟，《罗辑思维》官方微博就称：请大家停止提交信息，已经有200个会员提交信息，他们中的前十名将获得这份大礼。

这次“福利派送”，让中奖的会员感到自己赚了，200块钱换来了一部价值6999元的乐视超级电视，这个会员还不值得吗？而《罗辑思维》更是表示：这只是会员福利的第一波，后面还有。果然，后面又进行了第二波。

这时，人们才相信《罗辑思维》的会员制不是野蛮“圈钱”。但是又有人质疑了，一台乐视超级电视6999元，10台就是将近7万元，搞一次活动就这样大手笔，《罗辑思维》是在卖血吗？其实，外人只知其一，不知其二，送电视是真的，但不是《罗辑思维》送的，是乐视电视厂家送的。但又有人问了，那是乐视电视厂家在卖血吗？当然也不是，没有任何一个商家会做没有利益回报的生意，乐视电视也是此次活动的赢家。

那么，乐视电视厂家得到了什么呢？我们知道，《罗辑思维》微信公众号有 75 万粉丝，微博有 30 万粉丝，此次活动在 100 多万人中传播，推广费不止 7 万元，而且这次活动在互联网上广泛传播，受众不止 100 万人。更重要的是，《罗辑思维》的用户尤其是会员基本上都是高学历、知识结构在社会上层、消费能力较高的人，针对他们做推广对乐视品牌的影响力绝对有益。所以，这次活动其实是一次创新营销，《罗辑思维》、《罗辑思维》的会员、乐视电视商家三方都是赢家。

所以，这不仅仅是《罗辑思维》与自己的会员之间的游戏，更是《罗辑思维》计划已久的商业尝试。这种尝试就是先把《罗辑思维》变成一个知识社群，用优质的内容产品对兴趣相似的粉丝产生黏性，然后通过会员制形成更加精准的交流社群，再以社群为基地为品牌提供推广合作的平台，最终，《罗辑思维》达到了变现，商家实现了推广，会员也得到了实质性的回报。所以说，这是一个三方共赢的“自商业”模式。

因此，在《罗辑思维》的社群中，有一名成员的话代表了大多数人的心声：“没有成为‘罗辑粉丝’的会员，我都不好意思和大家在一起互动！”

这才是会员制的真正价值、《罗辑思维》的“自商业”模式。很多人唱衰自媒体，认为自媒体即便是再红火也难以实现商业变现，但是《罗辑思维》却用事实告诉大家，只要能提供有价值的社群，敢于尝试，自媒体就能实现自己的商业价值。商业模式不仅仅是分析出来的，更是经过尝试摸索出来的。

创业优势：超强的人格魅力创造超强的品牌号召力

在说到《罗辑思维》的优势时，很多人说这与罗振宇的个人能力及魅力分不开。的确，有过丰富新闻媒体从业经验的罗振宇，很懂得如何把控听众的情绪；同时，他热爱思考、热爱阅读，所以自然展现出了过人的人格魅力。这当然是《罗辑思维》的突出优势。严谨的逻辑思维能力、良好的语言组织能力、话题选择能力及内容的糅杂能力，这使他的脱口秀更高端。所以，他的脱口秀节目赢得了喜爱思考的年轻人，甚至是知识分子的一致推崇。

但更重要的是，罗振宇能够牢牢把握“短平快”的创业思路，而不是过分拘泥于传统的大平台。小而美，是《罗辑思维》的核心特点。小，体现在产品上——除了短视频节目、每日语音推送，《罗辑思维》事实上并没有太多的产品，但这些产品却足够美：在《罗辑思维》之每一期都有独立的立场、鲜明的态度和新颖的观点，引导受众思考，而不是迎合受众。它虽然没有主流媒体的权威性，却树立了自己“公知”的社会公信力，这才是它能够赢得那么多粉丝跟随的原因。

除此之外，罗振宇还非常懂互联网，虽然他讲述的内容比较高端，但他却带有强烈的“互联网思维”，在开场前讲一些小段子营造轻松的氛围，即便是严肃的话题，他也能像拉家常闲聊的方式讲给大家，而不是说教，这一点又把他与传统的电视节目区别开来。

这些优势整合在一起，才造就了《罗辑思维》的成功。自媒体一向以内容为王道，但从罗振宇开始，人们又看到了“人格为王”的重要性，它甚至比“内容为王”更能聚集粉丝！

同时，《罗辑思维》还创造了新颖的盈利模式——会员制，实现了自媒体的“自商业”。当然，会员制的成功也跟以罗振宇为核心的团队的品牌号召力有很大关系。除此之外，《罗辑思维》还通过微信语音、线下读书会、城市现场活动等多种形式强化社群效应。将来，如果能够整合社群内外资源，进一步发展社群经济，对《罗辑思维》来说将是又一种盈利模式。

创业定位：提供高雅有趣的传播内容

《罗辑思维》的传播口号是“有种、有料、有趣”，“有种”即态度上不媚俗，“有料”即要有价值的传播内容，“有趣”即分享方式好玩、有趣。这样的定位就把《罗辑思维》与那些传播娱乐八卦的哗众取宠的自媒体区别开来，也与严肃的传统媒体区别开来。它兼顾了互联网自媒体与传统媒体的优点，同时又规避了两者的缺点，从而打造出了《罗辑思维》独一无二的传播定位。

这样的定位，自然会吸引一大批“公知”和渴望主动思考的年轻人成为《罗辑思维》的受众。这些具有学术背景和专业素质的知识分子，对社会和公共事务有责任感，对历史、经济、政治等话题感兴趣并有自己的见解，对“北漂”和“南漂”、房价、地沟油、就业等社会痛点和热点问题有深刻的感受，并能结合自己的处境宏观地看问题。这些知识青年本身也是“有种、有料、有趣”的群体，与《罗辑思维》的传播定位不谋而合。

同时，这些知识青年大多是“80 后”、“90 后”，他们认同互联网传播这种更自由的传播方式，因此，新一代有灵魂的知识社群和一帮自由人的自由联合就成了《罗辑思维》的精准受众，而高雅有趣并充满人格魅力的传播内容则成了《罗辑思维》的定位。

在《罗辑思维》公众号上，他们能够听到主播用不同的方式讲述的不同于传统主流媒体的一些观点，不仅能够感受到主播彰显出来的知识分子独有的人生智慧与人格魅力，同时也能够感受到一大批和自己身份、阶层、价值观相似的朋友，通过社群互相认识、交流，成为朋友，这是《罗辑思维》延伸出来的价值。

自媒体自从诞生以来，更多的是以“草根”定位，一大批“草根”因自媒体找到了自己的生存方式。而《罗辑思维》的出现，打破了人们对自媒体的固有印象，让人们看到自媒体也可以是有灵魂的知识社群展现自己魅力的舞台。并且有灵魂的知识社群更容易在这个领域成功，并能够引导自媒体往更高端的方向发展。

《罗辑思维》也结合了一些“草根”人际传播的优点，比如形式更加轻松、内容更加灵活等，它不仅注重话题的严肃性和高端性，同时也注重个性与趣味性，使受众更能够接受并因此成为它的传播者和宣传者。

一系列的创业思路，让《罗辑思维》诞生之时，就贴上了浓厚的社群标签——兴趣整合，形成传播闭环；同时不同层次的社群体系，将受众分为四种：泛受众、粉丝、普通会员和铁杆会员。所以，罗振宇的创业之路就是典型的轻创业之路，没有过多的组织架构，也没有复杂的管理体系，但凭借着精准传播和精准营销，它实现了“短平快”的新模式创业。所以，对于渴望创造“短平快”合作模式的人来说，在做好精准内容的基础上，大力发展社群经济，这是事半功倍的一条路。

屈毅：从定制入手，打造“短平快”的白酒销售平台

屈毅这个名字，对大多数人来说也许很陌生。然而他却是开创中国白酒行业“定制化”思维的先驱。由屈毅所打造的“私服管家”平台，一举创造了全新的“定制化白酒”模式，联合诸多品牌形成了“短平快”的销售合作体系，不仅给他自己，更给各大品牌或创业者创造了全新的营销思路。

创业人屈毅：投身白酒行业，努力找到创新之路

屈毅从事白酒行业已经十几年了，对这个行业的模式有自己独到的看法。刚开始，他是想给酒厂提供技术解决方案，但随着一点点的了解，他发现酒厂最缺少的不是技术，而是真正的营销思路。过去，一个酒厂推出了一款新酒，就会在全国进行大范围推广，但很多时候却不能获得好的效果。于是，他决定转型。

屈毅决定创建一个平台，这个平台不仅仅是为了生产白酒，更是为了联合白酒品牌为销售提供解决方案。最终，他确定了“私人定制”的理念，实现最低一瓶即可定制、确认订单后 10 天内就能到货。这种模式，立刻形成了中国白酒行业的全新思路。

创业模式：平台上的合作是第一位的

“私服管家”平台的诞生，主打的就是合作。过去，像茅台这样的高端酒，最低起订量便是 120 瓶，并且包装、品质等选择非常少。而屈毅却打破了这种模式，他直接将目标锁定在“婚庆用酒”，然后直接与婚纱影楼合作。

通常情况下，婚纱影楼都会咨询新人是否准备好了白酒，但屈毅

提供的模式更吸引人：酒企免费提供两瓶定制酒送给影楼，包装上印有客户自选的一张婚纱照；影楼将这两瓶定制酒作为赠品送给客户。对于婚纱影楼，一旦推荐成功，那么屈毅就会给他们提供相应的利润奖励。客户对这种定制酒非常感兴趣，因此通常影楼没有多费口舌，就顺利签单。

在这个过程中，作为“私服管家”CEO的屈毅，是不与客户进行直接沟通的。客户想要什么酒，想要什么样的包装，这一切权力都交给了婚纱影楼。因此，婚纱影楼的积极性也非常高。

时间一长，这种模式被影楼、客户喜爱，传播效果非常好。经常会有新人表示，在朋友的婚礼上看到了这种类型的酒，也想要定制。随后，团体、企业也开始爱上了这种“定制化”的白酒。

屈毅的工作就是拿到影楼的订单后，及时与酒厂联系。因为这种定制酒非量产，所以利润更高，因此酒厂也愿意生产。这样一来，“屈毅、婚庆楼、酒厂、新人”被牢牢组合在了一起，尽管他们不是一家公司，甚至彼此之间并不熟悉，但凭着这种“短平快”的合作方式，“私服管家”迅速积累了大量的人气。

屈毅甚至将“短平快”的合作方式应用到了设计上。有时候，客户想要的设计看上去并不够精美，屈毅会通过自身的经验提出建议，但绝不会干涉。在屈毅看来，“私服管家”是提供合作服务，而不是做“老板”，所以他尊重客户的审美，只要客户喜欢就没有问题。

合作，是屈毅打造这个平台的第一原则。这种模式让各个合作方都得到了相应的利益，既能够调动他们的积极性，自己的运营成本也非常低，所以他找到了最适合自己的创业之路。

创业优势：快速高效，让每一位合作者都成为核心主体

屈毅创业的优势是什么？

首先，在于平台的快速高效。每一个环节的合作者，都是最终取得利益的一方，所以他们愿意真正投入其中，尽可能高效地完成相应订单。影楼签下合同，才能获得收益；酒厂按时供货，才能收到货款。有了利益保障，谁不愿意尽力投入呢？

其次，在“私人定制”的每个环节上，每个合作方都是主体。影楼需要对包装进行设计，并取得用户的满意；酒厂需要按照品质要求生产，让客户放心；而客户也必须精准地提出自己的想法，这样才能让每个环节都实现按需定制。每个合作者都感受到了被尊重，自然也会提高效率、提升品质。

从这一点上看，“私服管家”创造的是一种各合作方合作的模式，而非“管理模式”，每一环都有自己的独立工作去完成，而不是彼此被管制。

作为平台的运营者屈毅，主要工作就是协调各个环节，把定制白酒快速送到客户手中，主打信息流通而不是企业硬性管理。这种模式让屈毅得到了解放，不必终日陷入员工管理的细枝末节上，将主要精力放在信息流通上，所以这种模式更容易赢得供应商的喜爱，既对日常的工作形成补充赚取收益，又能不被平台所束缚，不必听命于任何一方。

创业定位：主打细分差异化，形成合作平台

从屈毅的“私服管家”平台可以看出，他的定位就在于“差异化”——不同的场合对白酒有不同的需求，所以满足这部分人群的需求，直接击中他们的痛点，就会形成庞大的变现。包括普通消费者、婚纱影楼、酒厂在内的各合作方，都需要用这样的业务进一步提升自身的品牌形象，如婚纱影楼在推广时就可以打出“拍婚纱送定制白酒”

的推介，吸引客户关注。任何一方都可以成为“私服管家”平台的代言人，这种看似松散的合作，却最能激发各方的激情与热度。

这种合作方式有别于传统的合作方式。以往绝大多数白酒商家都是自己销售，生产商仅仅给下面的销售商供货，即便搞促销活动，影楼等也只是隶属，所以他们的热情并不高。与此同时，各个商家还要大量铺货，导致资金压力颇大。

主打细分市场，形成共同协作的平台，每一方都能实现契约化合作，这是屈毅带给我们的思考。那么，我们能否沿着这个思路，将定位进一步精准呢？比如香烟、办公用具、儿童美食……只要我们能够找准细分定位，精准服务于某个有着迫切需求的群体，那么这种“短平快”的合作模式就能无限复制。“每个人都是平台的合作方，每个人都是平台的代言人”，这种自由灵活的合作模式必然会越来越受到欢迎！

同道大叔：个人品牌支撑起的“合作创业模式”

近两年，“同道大叔”开创的“星座漫画”成为关注的焦点。这是一个每天只探讨星座话题的自媒体号，它的特征鲜明：漫画、情感、吐槽，更为关键的是女生扎堆。从“网红”入手，“同道大叔”建立的创业新模式，既具有品牌模式又具备个人特色，彻底颠覆了过去“大而全”的平台理念，用“短平快”思维打通产业链。

创业人蔡跃栋：科班出身，转型互联网世界

蔡跃栋，“同道大叔”的创始人。他脸庞白净，略微敦实，笑起来酒窝浅显；喜欢微信语音回复信息，极少打字，偶尔发一个幽默表情，

只有这时他人才能真切感受到，屏幕的另一边真的不是大叔。

很多人觉得，蔡跃栋的成功在于把握住了互联网的脉搏，事实上他是不折不扣的科班出身，具有很强的漫画技能。2013 年，蔡跃栋毕业于清华美院。身为年轻人，他自然对互联网有着格外的兴趣，尤其是互动性极强的微博。2013 年 6 月 18 日，蔡跃栋开通微博，凭借着专业的漫画技能，他偶尔无偿给喜欢他的漫画的“粉丝”画定制漫画。不过，那时他还没有获得多少人气，一直处于“不温不火”的状态。

直到 2014 年，蔡跃栋在微博上发布了一条关于十二星座失眠的微博，突然掀起了大波澜。当天晚上，这条微博的转发量就达到了 4 万多次，创造了奇迹！随后几天，随着不断有“段子手”转发，这条微博转发量迅速突破数 10 万次大关，一举登上了热门微博榜！

从这一刻开始，蔡跃栋正式奠定了自己的“网红”地位，并进入“大 IP 开发”的阶段。星座吐槽漫画，成为“同道大叔”的“核心产品”。微博、微信、贴吧、QQ 群……一系列社群平台也正式投入运营。至今，“同道大叔”的各平台粉丝总计超过 3000 万人，每天超过 300 万人次访问其微博、微信公众号，每天超过 30 万人转发其内容，是中国互联网领域最具影响力的文化类博主之一。

创业模式：粉丝变现，打造全方位“大 IP”价值

蔡跃栋的创业模式，就在于围绕着近年来不断火热的“大 IP 概念”发散。所谓大 IP，就是围绕一款具有很高人气的产品，不断向周边拓展影响力。比如，当小说《盗墓笔记》在互联网积累了巨大的人气之后，网络剧、大电影、网络游戏、周边产品，甚至一些特定的旅游景点都会形成《盗墓笔记》场景，从而实现变现的最大化。

蔡跃栋的思路，同样是借助自身IP，不断进行创业探索。2015年，《千万不要认识摩羯》正式上市，这是蔡跃栋出版的第一部漫画书，也是《大叔吐槽星座》系列漫画的第一本。几乎所有“同道大叔”的粉丝，都会购买。

图书出版，只是蔡跃栋“IP价值探索”的试水。接下来的一系列举动，才表现出了他真正的商业创新模式：

2016年，“同道大叔”蔡跃栋推出了《你好明星》视频节目。同样借助“星座”这个话题，开始与明星嘉宾侃侃而谈。商业贴片广告、粉丝打赏，变现手段更为轻松和灵活。

2016年7月，“同道大叔”蔡跃栋首款大型线下主题活动——潮爆星座嘉年华正式开幕，并在全国10个城市巡展。这个嘉年华设有“星座源生态”“星座喜乐街”“星座恶人谷”“星座好奇屋”和“粉丝福利社”5大展区，同时“同道大叔”12星座人偶音乐剧上演。蔡跃栋也亲自参加了每一站的活动，与粉丝进行近距离接触。

线下大型主题活动的上线，标志着蔡跃栋的“IP价值”发挥到了极致：无论游戏乐园、主题馆，一切都会以“同道大叔”为核心，一旦进入这个嘉年华，那么每个人都能感受到“同道大叔”的无所不在。这种IP探索，几乎创造了中国“IP价值”的巅峰。

除此之外，同道生活、同道服饰等周边产品，让“同道大叔”蔡跃栋的形象更为饱满，变现渠道更为丰富。可以说，只要成为“同道大叔”的粉丝，那么无论粉丝具有怎样的喜好，都能找到消费的途径：游乐园、图书、服饰、创意小产品……只有想不到，没有“同道大叔”不能提供的！

创业优势：个人品牌支撑起“短平快”的合作模式！

蔡跃栋真正的创业优势在哪里呢？就在于对自身 IP 价值的开发，从而形成了“短平快”的合作创业模式。事实上，“同道大叔”的一系列大 IP 开发，绝大多数的资本并不用自己筹集，借助资本市场的力量就可以完成。同时，IP 价值的开发具有“碎片化”特征，每一个项目都能够快速上线，因此这种创业模式达到了红人与合作方“即合即分”的思路。

“同道大叔”的图书出版作品，主要由出版方出版，同道大叔只需拿出自己多年来的作品，提供相关建议，配合上市后的图书营销即可。更多的工作，会由出版方权衡。

“同道大叔”的视频秀节目，已经渐渐发展成为明星主动前来参加的平台。越来越多的明星看到，“同道大叔”的品牌价值非常高，凭借高达 1000 多万粉丝数量，参加“同道大叔”的节目，影响力远比参加传统的节目更有效果。

投资方更为看中的是“同道大叔”的大型主题嘉年华带来的品牌效应。所以，“同道大叔”仅需付出形象权、署名权等，做好形象大使和顾问，就可以让这个项目快速上线。搞这种大型的活动，在过去非常复杂，但有了“同道大叔”这张名片，所有的运作都能够精准化和高效化。

至于服装、创意产品等，“同道大叔”只要提供自己的创意即可，相关品牌方会投入资金与团队支持，然后借助同道大叔的影响力精准销售。

所以说，“同道大叔”的创业思路，就在于“个人品牌化”。围绕自身的 IP 做文章，相关投资方自然懂得其中巨大的变现价值，所以项目都能够做到快速上线，并形成系列化。而“同道大叔”则可以不断挖掘自身的 IP 价值，不断创造出更多的内容。

创业定位：粉丝的需求，是创业的核心

我们可以看到，“同道大叔”的创业定位就在于“粉丝经济”。粉丝喜欢什么，“同道大叔”就创造什么。这种商业思维已经成为了社群文化时代的典型特征：放弃过去推出什么宣传什么的思路，而是以社群粉丝的需求为原则，推出让他们满足的产品。

图书、视频节目、嘉年华主题活动、服装……这些内容，满足了粉丝们的精神追求（如图书、视频）、线下近距离接触追求（如嘉年华）、文化自身体现追求（如服装）的诸多方面。可以想象，无论“同道大叔”未来还会推出多少项目，“粉丝的需求”始终是第一定位。

这些项目的投资方同样也深谙这个道理。所以在进行相关立项、策划时，他们也会牢牢把握这个原则，分析“同道大叔”的社群粉丝需求，找到最精准的产品思路。

“同道大叔”尽管已经成为品牌，但它最具价值的依旧是“蔡跃栋”这个人。有了他，就有了精神世界的影响力，这种影响力是单纯的产品不能比拟的。所以，我们可以看到，越来越多的传统品牌也开始了“个人形象塑造”：格力的董明珠之所以越来越高调，就是为了给品牌带来浓郁的个人风格，这种传播很容易感染大家、形成粉丝，然后直接形成变现渠道。

所以，“同道大叔”蔡跃栋可以一个人游走于资本世界，与不同厂商、品牌建立“短平快”的合作模式，在不断推出各种产品的同时，让自己的品牌价值迅速提升。这种模式，未来将会在各行各业中更加广泛地出现。

岳路平：艺术家的酷炫“极体营”计划

他是一位艺术家，但是却“不安分”，竟然联合了一批建筑、影视、艺术、互联网等领域的人共同创办了一个“极体营”计划，搞了一次大跨界活动，形成“短平快”的合作模式，彻底抛开了过去那种“一家独大，风险过高”的问题。“极体营”计划是干什么的呢？就是通过实践，打通艺术、商业和众多新锐思想，为大家提供创新、创业和解决社会痛点的思路和机会。这个计划听起来确实很酷炫，因此吸引了很多新鲜的血液。参与这个活动的人都很有魅力，当然，最有魅力的当属这个计划的发起人——跨界艺术家岳路平。

创业人岳路平：一位“不务正业”的艺术家

岳路平，1975 年出生于广西象州，1999 年毕业于西安美术学院，2003 年毕业于西安美术学院研究生部，曾经担任西安美术学院教师。离开西安美术学院以后，他就走上了“跨界”的道路，迄今为止他的身份有：资深文化创意产业实践者和研究者、创客运动实践者、数字策展人、跨界策划人、社会文化科技艺术评论家、当代艺术家、教师，但基本上还是在文化和艺术这个领域里转悠。

2009 年，岳路平离开了西安。之后大家在网上也曾看到过一些有关他的新闻，但都与文化艺术有关。谁知道几年后，大家在创客圈里看到了他，他开始研究文化产业和未来科技了，而且是联合了众多文学、艺术、科技、互联网领域的人一起研究，并成立了“极体营”，和大家共同寻找文化与商业、互联网结合的机会。

创业模式："分享经济"下的共同创新、跨域融合

"极体营"计划是由西安欧亚学院主办、岳路平发起的，它是一个集产、学、研相结合的项目。对于西安欧亚学院来说，它是想为学生提供一个"艺术和设计的实验场"；而对岳路平来说，他是想创造一种共同创新、众筹创业、解决社会痛点的全新产业模式。如果说"车库咖啡"是把创业者们聚集在一起，那么"极体营"计划就是把各个领域有创业想法的人聚集在一起，具体形式就是举办各种讲座、工作坊、发布会等活动。

"极体营"计划从2015年3月开始，之后举行了多次活动，比如"生活创客成长极体营"计划的主题是"以人体为核心的九个层次的机器生态圈"，该计划包括公开课、工作坊、创客马拉松以及发布会、展览，等等，是集教育研发和创新、创业项目为一体的计划。

在2015年5月举行的公开课上，他们邀请了"中国创客第一人"、新车间创始人李大维、阿里巴巴集团顾问梁春晓、艺术家雷童、建筑师王子一，以及本次活动的发起人岳路平进行有关内容的讲解。这次活动请的都是商界和艺术节的大腕儿，因此在各个领域都带来了不小的影响。

在"极体营"计划中，岳路平是发起人、创始人，但并不是领导者，他和参与"极体营"的每一位朋友都是平行的关系，随时可以展开合作，随时也可以结束合作；可以是思想上的交流融合，也可以展开实际的合作。岳路平认为"众愚成智"，一个人的智慧终究是有限的，大家聚集在一起才能产生巨大的裂变。

更重要的是，岳路平找到了真正适合自己创业的模式：剔除传统那种大资本的需求，让自己变得更轻松，只要联合好相关机构，即可实现项目的启动。这种"短平快"的合作，不仅减轻了压力，更提升了效果。

创业优势：岳路平自身超强的跨域融合能力吸引更多人的参与

“极体营”是艺术、设计、创业、投资等领域跨域融合的综合空间，参与的人都具有跨界意愿和跨界能力。在所有参与者中，岳路平的跨界整合能力最强，在创办“极体营”之前，他就有了多年跨界经历，有丰富的跨界经验和资源。他横跨的领域有文化创意产业、创客运动、数字策展、跨界策划、社会文化科技艺术、教育等。

岳路平之所以能够组织一系列跨界活动，最重要的是他的理念。他认为在如今全民创业的氛围中，谁也不能“独善其身”，只与自身领域的人打交道，尤其是有着很强创造能力的艺术家，如果他们能与创业、商业相结合，将会创造很大的艺术价值和商业价值，而他们想要创业也需要投资人的支持。

因此，“极体营”计划的产生是岳路平多年思想、经验和实践相结合的产物。

创业定位：一个跨域融合的平台

当今社会充满着聚变，人们容易聚合但也容易分离，对创业来说也是如此。新的理念不断产生，各个行业的传统模式都在被挑战、被颠覆，包括艺术。在这样的情况下，艺术必须与科技、商业结合，才能真正发力，给新一代的年轻艺术家提供更大的创作空间和生存的平台。在多元文化时代，艺术也有多种可能性，艺术家们可以玩科技、玩创业，他们不再是科技领域和商业领域的陪跑者，他们也可以成为创业的主角。

在全民创业和万众创新的时代，艺术家的创造性和想象力也会给商业带来很大的启发。“极体营”计划就是要打造一个新的综合空间，将艺术、设计、创业、投资跨域融合，让各界人士互相启发，并共同构建一个关于创业、学习、研究的综合平台。

更重要的则是“极体营”提供了全新的创业思路：不要总拘泥于大平台、大资本，事实上“短平快”的合作模式，反而会更容易创造出全新的模式。这种模式对于任何一方来说都降低了风险，同时还能最大限度地发挥自身优势，项目开始时彼此合作，项目结束时开展自己的事业，这种“即合即分”的模式反而能更加调动各个环节的积极性，从而打造出前所未有的品牌理念。